מלמד לשון עבר

על ידי

מ׳ פראנק׳

NOUVELLE MÉTHODE

POUR APPRENDRE

LA LANGUE HÉBRAÏQUE,

PAR M. FRANCK,

MEMBRE DE LA SOCIÉTÉ ASIATIQUE DE PARIS.

PARIS,

F. G. LEVRAULT, LIBRAIRE-ÉDITEUR,

Rue de la Harpe, N° 81;

MÊME MAISON, A STRASBOURG;

ET A LA LIBRAIRIE ORIENTALE DE DONDEY-DUPRÉ,

RUE VIVIENNE, N° 2.

1834.

מלמד

לשון עבר

ORTHOLÉGIE.

§ I.

א ב ג ד ה ו ז ח ט י כ ל
מ נ ס ע פ צ ק ר ש ת

A. ב, כ, פ · ג, נ · י, ו, ז · ד, ר · ה, ח, ת ·
ט, ע, צ · שׁ, שׂ · ל, ק ·

B. א, ה, ח, ע · ג, כ, ק · ד, ט, ת · ז, ס,
שׂ, שׁ, צ · ב, פ, ו · מ, ן · ל, ר ·

é ֶ , *i* ִ , *u* ֻ , *o* ֳ , *a* ַ | *ê* ֵ , *î* ִי , *u* וּ , *ô* וֹ , *â* ָ

C. אָ, אֵ, אִ, אוֹ, אוּ · בָּ, בֵּ, בִּ, בּוֹ, בּוּ · פַּ,
פֶּ, פִּ, וֱ, וְ · הָ, חֵ, עְ, גוֹ, כוּ, קֻ, דֶ, טִ'
תֳ · זָ, סַ, שֵׁ, שֶׁ, צִי, יִ, לוֹ, רֳ, נוּ, מֱ ·

D. בָּא, מָה, לֹא, לוֹ, לוּ, כִּי, חֵי · צֵא, הוּא,
הִיא · גֵּה, כֹּה · אוֹ, נוּ, אִי, אֵי ·

E. אַל, אֶל, סִג, חָק, שֵׁק · רַק, אֶת, גִּד, כָּל,
פֵּר ·

כ ך , מ ם , נ ן , פ ף , צ ץ ·

F. אַךְ , אִם , עַם , מִן , כַּף , מִץ · פַּךְ , גַּם , גַּן ,
אַף , צִץ , זַךְ , סַם , סַף ·

G. אָב , גֵּר , מִין , כּוֹס , סוּס , עָם , לֵב , צִיץ , חוֹף ,
חוּץ , קֵץ ·

§ II.

A. רְאֵה , יְרָא , קְרוֹא , פְּנוּ , זְאֵב , כְּתָב , בְּרוֹשׁ ,
גְּמוּל , שְׁחִין ·

B. אַךְ , גַּם , בֵּן , טַף , עִם · אָבַד , חֹשֶׁךְ , שָׁמְרָה ,
קֹשֶׁט ·

הֲ et אֱ · הֱ · חֲ · עֳ ·

C. אֱמֹר , אֲנִי , אָנִי , הֲלֹא , הֱיֵה , חֲטוֹא , עֲשִׂי , חֲזִיר ,
הֲמוֹן , חֳלִי , עֳנִי ·

D. אֱלֹהַּ , רֵיחַ , גָּבוֹהַּ , זֶרַע , נֹחַ · בָּהּ ·

§ III.

בֿ גֿ דֿ כֿ פֿ הֿ

A. אָבֿ , בָּא , גָּדֿ , דָּגֿ , כַּףֿ , פַּךְֿ , תֹּףֿ , פֶּהֿ , בַּדֿ ,

רֹב, בַּז, בִּי, בָּם, בֵּין, גַּם, דַּל, גֵּר, גַּן, כָּר,

פָּר, תֹּר, טוֹב, לֵב, חַג, אֵד, יַד, שֵׁת, חָף׃

B. אֲבִיר גְּבוּל חֲגוֹר נָגִיד בְּדִיל גְּדוּד אֱכֹל זְכוֹר

עֲפַר סְפוֹר פְּתִיל שְׁתִי׃

C. אָבַד עוּגָל אָדוֹם אֹכֶל אֵיפֹה פֹּתֵר עוּגָב גָּדוֹל

אוֹכַל חֵפֶץ אָתוֹן׃

D. זֶבֶד זֶבַח קֶבֶר בֶּגֶד נֶכֶד נֶפֶשׁ נֶתֶר׃

§ IV.

כַּלָּה=כַּלְלָה

גַּנָּב גִּבּוֹר מִטָּה מַבּוּל מַפָּח גֻּלָּה שִׁמּוּר חֻקָּה רִנָּה
מִלָּה מְגִלָּה פְּעֻלָּה הַמֶּלֶךְ וַיִּגַּשׁ וַתַּכּוּ׃

§ V.

מַה זֶּה מַטֶּה יִרְאֶה צְאֶינָה תְּפַנֶּינָה׃

§ VI.

A. פְּקֻדָּה שָׁפְטִים עוֹגְבֵיכֶם יְיַשְּׁנוּ עוֹלְמֵי׃

B. הִנְנִי הַלְלוּ גְּלִלוֹ חֲלָלֵי רִבְבוֹת עֲמָמֵי חֲנַנְנִי
שֹׁרֶרֶךָ ·

C. תִּשְׁבַּתִּי יִמְכְּרוּ עֲבַדְכֶם מָרְדְּכַי ·

D. פְּקֻדָּה שִׁלְחוּ בִּקְשִׁי כַּפְּרוּ מִדְבָּרָה אִלְּמִים ·

E. אֶאֱסֹף תַּהֲרֹג יַחְמֹר נַעֲבֹר נֶאֱבַר ·

F. בְּרָכָה צְעָקָה יְבָרְכֵהוּ תֹּאכַלְנָה וְזָהָב וְשָׂדֶה
וְשָׁבְרָה וְהִבַּקְּשִׁי שִׁבֳּלֵי כִּנֹּרוֹת וְתַאַלְצֵהוּ עֲנָנֵי
שַׁקְתוֹת אֲמָרוֹת רְטָפַשׁ יִצְחַק צַעֲקִי יִרְדָּפְךָ סֻבְּלוֹ
קָסְמִי לְקָחוּהָ ·

G. שָׁמַרְתִּי קָבַרְתָּ מִשְׁפָּט מִקְדָּשִׁים ·

H. שָׁפַטְתְּ יוֹלַדְתְּ יָפִתְ וַיֵּבְךְּ נֵרְדְּ קֹשְׁטְ ·

§ VII.

א ה ח ע

A. (פֶּקֶד) בַּעַל אַחַד (פְּקֻדַּת) שְׁמַעַת פֹּרַחַת ·

B. עֲבֹר עֲבֹדָה אֶאֱסֹף יַחְמֹר נַהֲרֹג הַעֲזֹבוּ נֶעֱבַר
נַעֲרָמוּ נֶאֱסַפְתָּ הֶעֱמִיד מַעֲמִיד הָאֹכֵל הָאָכְלוּ

יַעֲמֹד יַעַמְדוּ הֱיִיתֶם לֶאֱכֹל אֱחֹז אֱחֱזִי יֶחֱרַד
הֶחֱזִקוּ יֶחֶרְדוּ כחזקתו ·

C. יַחְגֹּר הַחְמֹל יֶחְדַּל יֶחְכַּם יַחְדְּלוּ יַחְבְּשׁוּ נַעַבְרָה
אֶעְבְּרָה יַחְפְּצוּ יֶאֱסֹף תַּאַסְפִּי יֶאֱסֹר תַּאַסְרֵהוּ
הֶחֱרַמְתִּי וְהַחֲרַמְתִּי מַחֲצָה בָּחֲנוּ תִשְׁחֲטִי יִזְעֲקוּ
צַעֲקִי אַהֲבָה לְרַחֲקָה שַׁחֲדוּ נִבְהָלָה יִצְעֲקוּ בַּעֲרוּ
יְבַעֲרוּ ·

D. שָׁמַעַת הִשְׁבַּעַתְּ , שְׁמַחַת שְׁמַעַן ,

E. צְלֵחַ קָרוּעַ ; רֹקַע בֹּרַחַת · לִזְבֹּחַ · פִּתֵּחַ ; גֹּרֵעַ ·
בַּלֵּעַ ; שַׁלַּח · יְבַקֵּעַ ; יְגַלַּח · שַׁבֵּחַ ; בְּשַׁלַּח ·
הִשְׁבִּיעַ הַצְנֵעַ ; הַצְלַח · מַצְמִיחַ יַבְרִיחַ ; וַיִּבְטַח ·
קַח , דַּע , קַחַת , דַּעַת · הוֹדִיעַ ; וַיּוֹשַׁע · זֶרַע
רֹעַ ·

§ VIII.

A. סַבָּה (סָבְבָה) חַגּוּ גַּלּוּ דְמֶינָה תָּבֹזּוּ תְשַׁמֵּינָה
קַלִּים דַּלּוֹת ·

B. יִפֹּל (ינפל) הִצִּיל נִצַּב יִקַּח (ילקח) יִתֵּן (ינתן) נָתַנּוּ
(נתננו) מַתָּן (מנתן) מַדָּע (מידע) ·

C. כָּרַתִּי (כרתתי) הֵמַתָּ , מִטַּהֵר (מתטהר) תִּטַּמְּאוּ ,
הִנַּבֵּא (התנבא) ·

D. מְדַבֵּר יִשְּׂמוּ הִזַּכּוּ אֶרֹמֵם · גְּנָבַתּוּ מִמֶּנּוּ ,
יִשְׁמְרֶנּוּ ·

E. הִשָּׁמֵר , יִסָּגֵר · בִּקֵּשׁ , חִלֵּק , הִתְהַלֵּךְ מְטַמֵּא ,
מְרַגְּלִים , גַּנָּב , צִנּוֹר , אִסָּר אִטֵּר , אַמִּיץ , לִמּוּד ,
חַנּוּן , סֻבַּךְ ·

F. פְּלַגָּה , קְהִלָּה , כְּהֻנָּה , כְּלִמּוּת , גְּמַלִּים ·

G. מֹשֶׁה ־ לֵּאמֹר , מַה ־ זֶּה ; מַזֶּה , מַה ־ לָּכֶם ;
מַלָּכֶם ·

H. אֶכְּרֶהָ , בִּיקְּרוֹתֶיךָ , הַמְּרוֹתָם , הַצְּפִּינוּ ,
הִרְדִּיפֻהוּ , הַרְּעִימָה · הַרְּאִיתֶם , הַכְּתֹנֶת ,
חֲדֵלּוּ , חַלְּקִי , יְחֵלּוּ , יְחַתּוּ , יִקְּהַת , יִקְּרֵךְ ,
מִקְּרֵה , מַמְּגוּרָה , עִנְּבֵי , עִצְּרוֹתֵיכֶם , עִקְּבֵי ,

V. ORTHOLÊGIE.

FORMES ET DÉNOMINATIONS DES ACCENS.

Accens secondaires.					Accens principaux.				
d	קַרְנֵי פָרָה	א֟	Karne Para.	17	a	סִלּוּק	אֽ	Sillouk.	1
	פָּזֵר	א֡	Paser.	18		אֶתְנָח	א֑	Athnah.	2
	תְּלִישָׁא	א֠	Thelischa.	19	M	עֹלֶה וְיוֹרֵד	א֫	Merka Mahapach.	3
	גֵּרֵשׁ	א֜	Guereseh.	20	b	סֶגּוֹל	א֒	Segol.	4
	גֵּרְשַׁיִם	א֞	Guerschaïm.	21		זָקֵף	א֔	Sakeph.	5
	פְּסִיק	א׀	Pesik.	22		זָקֵף גָּדוֹל	א֕	Grand Sak.	6
e	מֵרְכָא	א֥	Mercha.	23		טִפְחָא	א֖	Thipha.	7
	מוּנַח	א֣	Mounahh.	24	c	רְבִיעַ	א֗	Rebia.	8
	מַהְפַּךְ	א֤	Mahpach.	25		זַרְקָא	א֮	Sarka.	9
	קַדְמָא	א֨	Kadma.	26		פַּשְׁטָא	א֙	Paschta.	10
	דַּרְגָּא	א֧	Dargua.	27		יְתִיב	א֚	Iethib.	11
	יֵרַח	א֪	Ierahh.	28		תְּבִיר	א֛	Thebir.	12
	תְּלִישָׁא קְטַנָּה	א֩	Petite Thelis.	29		מֵרְכָא כְּפֵל	א֦	Doub. Mer.	13
M	טִפְחָא	א֖	Thiphha	30		שַׁלְשֶׁלֶת	א֓	Schalschelet	14
M	צִנּוֹר	א֮	Sarkatha.	31	M	דְּחִי	א֭	Thipcha *init.*	15
M	זַרְקָא מַהְפַּךְ	א֤֮	Sarka Mahp.	32	M	גֵּרֵשׁ רְבִיעִי	א֜	Guerescb met.	16

עִשְׁבוֹת , צִמְּתַתְנִי · נְתָנוּ , מַמְרוֹרִים , מְנַזְּרַיִךְ ,

מִקְדָּשׁ , נִכְּאוּ , נִצְּרָה , נִצְּרֶה , נִתְקְנוּהָ ·

§ IX.

Milra (מלרע); l'accent sur la dernière syllabe.

A. שָׁמַר נָגְשָׁה יָלְדוּ אֲמַרְתֶּם מְצָאתֶן שָׁכַב · רַחֲצִי

אִכְלוּ הַזְכֵּר הַרְאִי הַשְׁקוּ · אֶשְׁמֹר תִּגַּשׁ יֵדַע

תֶּאֶכְלִי תִּמְצְאוּ יִרְעוּ יַשְׁקוּ · קַמְתֶּם סַבֹּתֶם ·

B. קָצֵר , נְפוּלָה , יְלָדִים , אֲחוּזוֹת , מְמַלֵּא , מְצֻוֶּה ,

מְכֻסָּה · שָׁבָה , סַבָּה · נְקוּמָה , נְסַבָּה ·

C. כָּבוֹד זָכָר חָצֵר עָנָב אֵזוֹר שֹׁמֵר גּוֹרָל עוּגָב

כְּרוּת נָגִיד קִיטוֹר · גִּבּוֹר גַּנָּב כִּכָּר עִוֵּר אַדִּיר ׀

שִׁמּוּר , חַנּוּן , סֹבֵךְ ·

D. רֹעֶה שָׂדֶה אֹבֶה אָחוּ צִפּוּי שָׁלֵו אַכְזָר אֶפְרֹחַ ·

שָׁמְרָה נִתְּנָה הִגִּישׁוּ אֲכָלָהּ בִּקַּשְׁתִּי שְׁלַחְתֶּם רָאָם

הוֹרִידוּם הִשְׁבַּתֶּם יְצַרְתִּיו עֲשִׂיתִים הֲקִמֹתִיךָ ·

הוֹשִׁיעֵנוּ יִשְׁמְרֶךָ יוֹלִיכֲךָ יַצִּילְכֶם נִמְלָאִים תִּצְפְּנוּ ·

F. בְּשָׁמְרִי בְּהִתְהַלֶּכְךָ בְּקִצְרְכֶם כְּדַבְּרוֹ בְּשָׁמְרָהּ
לְרָחֲצָם ·

G. כְּבוֹדִי דְּבָרַי קָדְשִׁי אָחִי בְּכוֹרְךָ בִּקְהָלְךָ אֲחוֹתֵנוּ
צִדְקָתָהּ עֻזָּם · גְּדוֹלִים דִּבְרֵי רֵעָיו חֶצְיָהֶם ·

§ X.

Milêl (מִלְעֵל); *l'accent sur la pénultième.*

A. שָׁמַרְתִּי יְלִדְתָּנוּ אָמַרְתְּ עָשִׂיתָ מָצָאתִי קַמְתִּי גַּלֹּתָ
נְשׁוּבֹתִי , נְסַבֹּתִי שַׁבָּה , סַבָּה , קָמוּ , נָקוֹמָה ,
נָקוֹמוּ , סַבּוּ , נָסַבּוּ ·

B. פְּקֹדְנָה הַצְלִיחִי הַגִּידוּ צֵאנָה רְאֶינָה הוֹלִידוּ
הָשִׁיבִי רוּצִי לוּשִׁי סֹבִּי גֹּלּוּ הָסֵבּוּ הֲסִבֶּינָה ·
תִּשְׁמֹרְנָה תְּקוּמִי תְּמוּתוּ תְּגֹלִּי תָּחֹגּוּ תַּאֲכִילִי
הוֹלִידוּ וַיֵּלֶד וַיִּפָּקֵד וַיֹּאמֶר וַיּוֹלֶד וַיַּעַל וַיֵּשֶׁב
וַיָּסֶב ·

C. חֶסֶד סֵפֶר חֹדֶשׁ · כְּנָפַיִם עַיִן מָוֶת גְּבֶרֶת יַבֶּשֶׁת
בֹּהוּ ·

D. שמרני הצילנו קראהו · שכחתני הולידתך
אהבתך גמלתהו גנבתו אחזתה גנבתם אחזתנו ·
זכרתני הושעתנו הצלתהו האכלתיני הקמתינו
צויתיה ׀ משחתיך ראיתיהו גאלנוך רדפוני
הודיעוך הראונו · ישמרך יצילהו תפילנו
יאכילנו ירדפוני יצליחוך · רדפהו זכרנו
העמידני · להרגני ·

E. כבודנו חדשנו דבריך בגדיך עדריה ·

F. לילה ההרה ·

Nasog âhôr (נ״א); milêl par déplacement.

G. קרא לילה , ועשה לו , בנה עיר ילדה בת ׀
ושמרת ·

§ XI.

Makeph (מקף); trait d'union.

A. דבר אל־בני־ישראל · ואתה הרם את־מטך
ונטה את־ידך על־הים ובקעהו · לא־נשאר
בהם עד־אחד · נצבו כמו־נד נזלים קפאו

תְהֹמֹת בְּלֶב־יָם · וַיַּרְא אֱלֹהִים אֶת־כָּל־אֲשֶׁר
עָשָׂה וְהִנֵּה־טוֹב מְאֹד וַיְהִי־עֶרֶב וַיְהִי־בֹקֶר
יוֹם הַשִּׁשִּׁי · וְהוּא גַם־הוּא אָמְרָה אָחִי הוּא
בְּתָם־לְבָבִי עָשִׂיתִי זֹאת ·

§ XI.

Du Métheg (מֶתֶג).

B. 1 הָיְתָה , יָלְדוּ · יַעֲבֹר , הַעַבְדִי , הֶאֱכַלְתִּי ,
יִדְעוּ יִינְקוּ יִרְאוּ , סָבְבוּ ·

2 הָאָדָם לָאֵבֶל בְּחָצֵר כָּאוֹיֵב , עוֹגָלִים יִרְאָה ·

3 כִּי־גָאֹה גָּאָה · הַנִּיחָה־לִּי · מְנוּסַת־חֶרֶב ·

4 הָרִמֹּנִים וָאֶתְחַנַּן מֵהִתְחַתְּנוּת · מוֹשְׁבוֹתֵיכֶם ,
הָעֻזִּיאֵלִי וְהָאֶשְׁתָּאֻלִי ·

5 הַאִישׁ אֶחָד יֶחֱטָא , הַאֵין פֹּה נָבִיא , הַעוֹד
לָכֶם אָח ·

6 בָּתִּים בָּתֵּי בָּתַּי בָּתֵּינוּ בָּתֵּיכֶם ·

7 הֶעָרִים־הָאֵלֶּה , יֹשְׁבֵי־הָאָרֶץ , וּשְׁמֹנַת־אֲלָפִים ·

§ XII.

Des Accens disjonctifs.

A. וַיֹּאמֶר אֱלֹהִים יְהִי אוֹר || וַיְהִי־אוֹר׃

B. וַיֹּאמֶר אֱלֹהִים | יְהִי רָקִיעַ בְּתוֹךְ הַמָּיִם || וִיהִי
מַבְדִּיל בֵּין מַיִם לָמָיִם׃

C. וְלִמְשֹׁל בַּיּוֹם וּבַלַּיְלָה | וּלְהַבְדִּיל | בֵּין הָאוֹר
וּבֵין הַחֹשֶׁךְ || וַיֹּאמֶר אֱלֹהִים , יְהִי מְאֹרֹת
בִּרְקִיעַ הַשָּׁמַיִם | לְהַבְדִּיל | בֵּין הַיּוֹם וּבֵין
הַלָּיְלָה || וְהָיוּ לְאֹתֹת וּלְמוֹעֲדִים | וּלְיָמִים
וְשָׁנִים׃

וַיַּעַשׂ אֱלֹהִים אֶת־הָרָקִיעַ | וַיַּבְדֵּל , בֵּין הַמַּיִם
אֲשֶׁר מִתַּחַת לָרָקִיעַ | וּבֵין הַמַּיִם | אֲשֶׁר מֵעַל
לָרָקִיעַ || וַיְהִי־כֵן׃

E. וַיְבָרֶךְ אֹתָם אֱלֹהִים | וַיֹּאמֶר לָהֶם אֱלֹהִים ,
פְּרוּ וּרְבוּ וּמִלְאוּ אֶת־הָאָרֶץ וְכִבְשֻׁהָ || וּרְדוּ
בִּדְגַת הַיָּם וּבְעוֹף הַשָּׁמַיִם | וּבְכָל־חַיָּה הָרֹמֶשֶׂת
עַל־הָאָרֶץ׃

§ XIII.

Des Accens poétiques.

A. יִרְאַת יְהוָה טְהוֹרָה | עוֹמֶדֶת לָעַד ||| מִשְׁפְּטֵי־יְהוָה אֱמֶת || צָדְקוּ יַחְדָּו׃

B. כֹּל אֲשֶׁר־חָפֵץ יְהוָה, עָשָׂה ||| בַּשָּׁמַיִם וּבָאָרֶץ || בַּיַּמִּים | וְכָל־תְּהוֹמוֹת׃

C. אַשְׁרֵי הַגּוֹי | אֲשֶׁר יְהוָה אֱלֹהָיו || הָעָם | בָּחַר לְנַחֲלָה לוֹ׃

D. יִרַדֹּף אוֹיֵב נַפְשִׁי, וְיַשֵּׂג, וְיִרְמֹס לָאָרֶץ חַיָּי || וּכְבוֹדִי | לֶעָפָר יַשְׁכֵּן סֶלָה׃

§ XIV.

Des Accents conjonctifs et de leur influence.

A. וְהָאָרֶץ הָיְתָה תֹהוּ וָבֹהוּ וְחֹשֶׁךְ עַל־פְּנֵי תְהוֹם ·

B. קוּמוּ צְאוּ · יַד לְיַד לֹא־יִנָּקֶה רָע · יְהַלְלוּךָ סֶלָה ·

C. מַה זֶּה · מַה־טּוֹב וּמַה־נָּעִים · זֶה־יִהְיֶה לָכֶם גְּבוּל יָם ·

D. וְעָשִׂיתָ פֵּרוֹתָיו לְדִשְׁנוֹ · לְאָחִיךָ לַעֲנִיֶּךָ · וְיָרֵאתָ מֵאֱלֹהֶיךָ ·

Sur la prolongation des Voyelles.

A. הִבִּיטוּ אֵלָיו וְנָהָרוּ וּפְנֵיהֶם אַל־יֶחְפָּרוּ · חָדְלוּ פְרָזוֹן בְּיִשְׂרָאֵל חָדֵלּוּ · וַיַּחְתְּרוּ הָאֲנָשִׁים לְהָשִׁיב אֶל־הַיַּבָּשָׁה וְלֹא יָכֹלוּ · כִּי הוּא אָמַר וַיֶּהִי הוּא צִוָּה וְנִבְרָאוּ · כְּבוֹד מַלְכוּתְךָ יֹאמֵרוּ וּגְבוּרָתְךָ יְדַבֵּרוּ · עַל־כַּפַּיִם יִשָּׂאוּנְךָ פֶּן־תִּגֹּף בָּאֶבֶן רַגְלֶךָ · וְשָׁמַעְתִּי כִּי־חַנּוּן אָנִי ·

B. בַּבֹּקֶר יָצִיץ וְחָלָף · כִּי־כָלִינוּ בְאַפֶּךָ וּבַחֲמָתְךָ נִבְהָלְנוּ · מֵעוֹלָם אַתָּה · אָמְנָה הַפַּעַם · יְהִי רָקִיעַ בְּתוֹךְ הַמָּיִם וִיהִי מַבְדִּיל בֵּין מַיִם לָמָיִם ·

C. וַתֹּאמֶר הָאִשָּׁה אֶל־הַנָּחָשׁ מִפְּרִי עֵץ־הַגָּן נֹאכֵל · וַתִּקַּח מִפִּרְיוֹ וַתֹּאכַל · הִוא נָתְנָה־לִּי מִן־הָעֵץ וָאֹכֵל · וַיְגָרְשֵׁהוּ וַיֵּלַךְ ·

D. וְהֵסִיר ה׳ מִמְּךָ כָּל־חֹלִי · וַיָּמֹת ·

E. עַיִן תַּחַת עָיִן · פֶּצַע תַּחַת פָּצַע נֶפֶשׁ תַּחַת נָפֶשׁ ·

§ XV.

Divers changemens de Voyelles.

A. הַבַּיִת וְהָעִיר · הַגָּן וְהֶחָצֵר · הַגְּבָעוֹת וְהֶהָרִים ·
גַּנָּב ; חָרָשׁ ; גֶּחָל · אַדִּיר ; עָרִיץ · אַלּוּף ;
חָרוּץ · מְרַגֵּל ; מְשָׁרֵת · חַלָּה ; רָעָה ·
וַיַּעַשׂ ; וָאַעַשׂ ·

B. יָד תַּחַת יָד , יַד הָעָם , בְּיֶדְכֶם נִתָּנוּ · שֹׁפֵךְ
דַּם הָאָדָם דָּמוֹ יִשָּׁפֵךְ · אֶת דִּמְכֶם אֶדְרשׁ ··
אִישׁ וְאִשָּׁה ; אִישׁ וָאִישׁ · דוֹר וָדוֹר ·

C. תֹּאמַר ; וַתֹּאמֶר · יֵלֵךְ ; וַיֵּלֶךְ · יִיקַץ ; וַיִּיקֶץ ·
יַקְרִב וַיַּקְרֵב · יָשִׂים ; וַיָּשֶׂם · יָסִיר ;
יָסֵר ; יָכַר · יוֹתִיר ; יוֹתֵר ; וַיּוֹתֶר ·
דִּבֵּר ; דִּבֶּר ·

D. יְהוָה בֵּרַךְ אֶת־אַבְרָהָם בַּכֹּל כַּאֲשֶׁר דִּבֵּר ·

נַחַל אֲשֶׁר לֹא יִזָּרֵעַ וְלֹא־יֵעָבֵד · עִוֵּר אוֹ חֵרֵשׁ ·

הֲסִבֹּתִי ; הֲרֵעֹתִי · מְגִלָּה ; מְגֵרָה ·

E. חֵץ · חִצִּים ; מֵחִים · בֵּן ; בֶּן־הָאִשָּׁה ; בִּךְ

לַיְלָה · תָּמֵךְ ; תֹּמִיךְ · אוֹיֵב ; אוֹיִבְךָ ·

F. יָשׁוּב ; יָשֹׁב ; וַיָּשָׁב (יָנוּחַ ; וַיָּנַח) חֹק ; חָק־

אַהֲרֹן ; חֻקִּים · כֹּל ; כָּל־אִישׁ ; כֻּלָּם יִשְׁפְּטוּ ;

יִשְׁפֹּטוּ ; יִשְׁפּוֹטוּ ·

G. הַסְּנֶה אֵינֶנָּה אֻכָּל ; טָרֹף יוֹסֵף ·

H. בָּקָר וָצֹאן ; צֹאן וּבָקָר · מָוֶת ; מוֹת שְׁנֵי · לֵיל ;

לֵיל פֶּסַח · לֶאֱכֹל ; לֵאמֹר · לֶדֶת ; צֵאת ·

גַּבַּחַת ; חַטָּאת ·

§ XVI.

Changement des lettres-voyelles.

א־ה מִכְלָה=מכלא · נֶחְבָּה= · פֶּרֶה= · כִּסֵּה= ·

יְמַלֵּה= · הֶחְבֵּה=החבא ·

ה־א קָרְחָא=קרחא · יִקְרָא=יקרה ; קְרָאָהוּ= ·

לִירֹא= · שֵׁנָא=שנה ·

א־ו לוֹ=לא · יוֹכְלוּ= · רוֹשׁ=ראשׁ ·

א״י נָשׂוּי=נשוא · רִישׁוֹן=· נִבִּיתָ=· נִטְמִינוּ=·

תִּרְפֶּינָה=·

י״א צְבִי ; צְבָאִים (צְבָיִים) · דָּאֵג=רִיג ·

ה״ו עֲשׂוּ=עשה · בָּכוּ=· שָׁלַוְתִּי=· הִשְׁתַּחֲוָה=·

יִשְׁתַּחוּ=בהו=בֹּהֶה ·

ה״י בָּנִיתִי=בנהתי · חָסָיו=· יִשְׁלָיו=· פְּרִיָּה=·

כִּסּוּי=· צִפּוּי=צפווה ·

ו״י קִים=קוּם ·

י״ו נוֹלַד=נילד · יֻוְלַד= : יְיַחֵל · הוֹלִיד=·

יוֹלַד=· הִתְוַדַּע=· מוֹשָׁב=מוּסָר=·

§ XVII.

Des changemens des lettres en général, de leurs affinités, leurs suppressions, adjonctions et assimilations.

A. אָוֶן ; עָוֶן · פצה ; פצח · גבה ; גֶּבַע · פתח ;
פֶּתַע · חרב ; ערב ·

B. גֵּב ; גֵּו · אבה ; אוה · מלט ; פלט ·ו· רֶגֶל ;
רכל · סגר ; סכר · כּוֹבַע ; קוֹבַע · עלז ;

עלס ; עלץ . זעק ; צעק :: שאג . צחק ;
שחק . זְעֵר ; צער .

C. 1 מוּד ; מוּט . רֶטֶט ; רֶהֶת . חטף ; חתף .
2 קוּץ ; קוּט . נצר ; נטר ; נדר ; נזר .

D. חרש ; חרת ; חרט . נתש ; נתק . שתה ;
השקה . דָּדָן ; דָּדָן . רבץ ; רבע . מַזָּל ;
מַזָּר . צהל ; צהר . מוט ; נוט . שׂטם ;
שׂטן . ימין=יָמִים .

E. 1 כֶּבֶשׂ ; כֶּשֶׂב . פרץ ; פצר . 2 השתמר=
התשמר , מִסְתּוֹלֵל=מתסלל .

F. 1 בַּגַּג=בְּהַגַּג . יוֹשִׁיעַ=יְהוֹשִׁיעַ . 2 תַּת=נתנת .
מִטַּהֵר = מתטהר , אַחַת=אַחֶדֶת . לְהָבָה ;
לַבָּה . לֵד=יְלֵד , גַּשׁ=נְגַשׁ , קַח=לְקַח ,
אֱמֶת=אֲמֶנֶת . מַלְּף=מְאַלֵּף . חֵמָה ; חֶמְאָה .

G. 1 תְּמֹל ; אֶתְמוֹל , זְרֹעַ ; אֶזְרוֹעַ . 2 אֵל ;
אֱלֹהַ , לַיִל ; לַיְלָה . פְּקֹד ; פְּקֻדָּה .
ישמעו ; יִשְׁמְעוּן .

EXERCICES

D'ANALYSE ET DE TRADUCTION.

PREMIER TABLEAU. *A.*

DÉCLINAISON DES SUBSTANTIFS.

נשמה P. F.		S.		P. M.		S. בקר		
les âmes.	הנשמות	l'âme.	הנשמה	les bœufs.	הבקרים	le bœuf.	הבקר	Nom.
les âmes des hommes *.	נשמות האדם	l'âme de l'homme.	נשמת האדם	les bœufs de la maison.	בקרי הבית	le bœuf de la maison.	בקר הבית	Gen.
aux âmes	לנשמות	à l'âme.	להנשמה	aux bœufs.	להבקרים	au bœuf.	אל הבקר	Dat.
les âmes.	את הנשמות	l'âme.	את הנשמה	les bœufs.	את הבקרים	le bœuf.	את הבקר	Acc.
des âmes.	מן הנשמות	de l'âme.	מהנשמה	des bœufs.	מהבקרים	du bœuf.	מן הבקר	Abl.
sur les âmes.	בהנשמות	dans l'âme.	בנשמה	avec les bœufs.	בבקרים	pour le bœuf.	בהבקר	Loc.
comme les âmes.	כנשמות	comme l'âme.	כהנשמה	comme les b.	כהבקרים	comme le bœuf.	כבקר	Com.
deux lèvres.	שפתים	lèvre.	שפה	deux pieds.	רגלים	pied.	רגל	Duel.

PRONOMS DEMONST. INTERR. RELATIFS	PRONOMS PERSONNELS ET LETTRES PRONOMINALES. F. 3.		M.		F. 2.		M.		1		SING.
¹ זה ² זאת ³ הלזה ⁴ הלזו	elle	⁷ היא	il, lui	הוא	° את	toi (tu)	אתה	moi (je)	¹ אני		Nom.
⁵ אלה ; אל , ⁶ עצם	à el. (lui)	לה	à lui (lui)	⁸ לו	לך	à toi (te)	לך	à moi (me)	² לי		Dat.
את ⁸ הנה, הן ⁹ ה, ה, ה	el. (la)	אותה	le, lui	אותו	אותך	toi (te)	אותך	moi (me)	אותי		Acc.
¹ ce, celui; ci ; là. ² cette;	d'elle	ממנה	de lui	³ ממנו	ממך	de toi	ממך	de moi	³ ממני		Abl.
celle. celui-là. ⁴ celle-là.	avec elle	בה	par lui *	בו	בך	sur, pour toi	בך	en, dans moi	בי		Loc.
⁵ ces ; ceux, voilà, voici :	c. el.	כמוה	c. lui	כמוהו	כמוך	comme toi	כמוך	comme moi	כמוני		Com.
⁶ même; ⁷ là ; ⁸ voici; voilà,	elles	⁹ הן	eux	⁹ הם	אתן	⁵ vous	אתם	nous	⁴ אנו		N. P.
cela ; ⁹ le, la, les ; ce, cette	à elles	להן	à eux	⁸ להם	לכן	à vous	לכם	à nous (nous)	לנו		Dat.
ces.	elles	אתהן	(les) e.	⁶ אותם	אתכן	vous	⁶ אתכם	nous	אותנו		Acc.
qui מי . que מה ; מה ; מה	d'el.	⁹ מהן	d'eux	⁹ ¹⁰ מהם	מכן	de vous	מכם	de nous	ממנו		Abl.
qui, q. אשר est-ce que ? ה	entre elles	־ן	p. eux	⁹ בהם	בכן	pour vous	בכם	sur, avec nous	בנו		Loc.
	c. elles	כהן	c. eux	כמוהם	ככן	comme v.	ככם	comme nous	כמונו		Com.
Voy. observations du Guide.	ils	־ו	elle	־ה	־תם	tu	־ת ־ת	nous ־נו	*parf.* je	־תי	lettres pron.
	elles			־ת	–	–	־ת	id. ־נ	*futur.*	־א	

¹ אנכי ² אלי אתי ³ *voy. lex.* ³ *poét.* מני , מני ⁴ אנחנו , נחנו ⁵ אתנה ⁷ הוא po.⁹ מנהו , מנהו , — suppl.

⁸ *poét.* למו ⁹ המה ⁶ אותכם , אותהם , אתהם , אותנה * *poét.* במו— * כמו = כ ⁸ מנהם , ¹⁰ po.

EXERCICES

D'ANALYSE ET DE TRADUCTION.

N° 1. — T. I. a.

1 חֲצַר הַשֹּׁפֵט הוּא · 2 מְצוּרַת הַמֶּלֶךְ הִיא ·
3 קְרוֹבִים הֵם לָנוּ · 4 רְחוֹקוֹת אַתֶּן מֵהֵנָּה · 5 חֲתַן
הַמֶּלֶךְ אָנֹכִי · 6 הַאַתְּ שִׁפְחַת הַכֹּהֵן · 7 עַבְדֵי
הַשֹּׁפֵט אֲנַחְנוּ · 8 הַאַתֶּן רִבְבוֹת אֶפְרָיִם · 9 הַגָּדוֹל
הָלַךְ אֶל־הַחֶדֶר וְאֶת־הַקָּטֹן שָׁלַח רְאוּבֵן הָעִירָה ·
10 הַיֶּלֶד נָפַל מִן הַגָּג בַּבּוֹר אֲשֶׁר בֶּחָצֵר · 11 הֲיֵשׁ
עוֹף אֲשֶׁר אֵין לוֹ כְּנָפַיִם · 12 כָּל־אֲשֶׁר לְךָ לִי הוּא ·
13 מַה־לָּכֶם פֹּה · 14 חֶרְפָּה הִיא לָנוּ ; אָמַר לָהֶם ·
15 אוֹתִי שָׁכַח וְאוֹתוֹ עָזַב · 16 מִי לָקַח אוֹתָהּ ?
17 לֹא שָׁמַע אוֹתָךְ · 18 לָקַח אוֹתָנוּ לַעֲבָדִים ·
19 מִי שָׁלַח אֶתְכֶם אֵלַי · 20 אַיֵּה קָבַר אוֹתָם ·

21 הוּא שָׁכַח כָּל־אֲשֶׁר שָׁמַע מִמֶּנִּי וּמִמְּךָ ׃ 22 הִיא
גְּדוֹלָה מִמְּךָ ׃ 23 אִישׁ מִמֶּנּוּ לֹא אָכַל מִמֶּנּוּ ׃ 24 יְיָ
אָמַר לָנוּ כָּל־אֲשֶׁר שָׁמַע מִמֶּנָּה וּמֵהֶם ׃ 25 רָחוֹק
מִכֶּם הַמָּקוֹם ׃ 26 יְיָ בָּגַד בִּי ׃ 27 אַיֵּה הַבּוֹר אֲשֶׁר
נָפַל בּוֹ ׃ 28 שׁ״י לָקַח הַקְּעָרָה וְהַחֶמְאָה אֲשֶׁר בָּהּ ׃
29 מִי בָּכֶם יָדַע זֹאת ׃ 30 הִנֵּה הָאִישׁ אֲשֶׁר בָּחַר
בָּנוּ ׃ 31 אִשָּׁה כָּמוֹנִי הִיא ׃ 32 מִי כָמוֹךָ בָּאֵלִים ׃
33 אֵין כָּמוֹהוּ בְּכָל־הָאָרֶץ ׃ 34 כָּכֶם כַּגֵּר חֹק אֶחָד
לָכֶם ׃ 35 אֵין כָּהֵנָּה בְּכָל־הַשָּׂדֶה ׃ 36 הֶחָצֵר גָּדוֹל
מֵהַבַּיִת וְהַחֶדֶר קָטֹן מֵהָאוּלָם ׃ 37 זֶה הָאִישׁ וְזֹאת
הָאִשָּׁה ׃ 38 לְמִי הַיְלָדִים הָאֵלֶּה ׃ 39 הִנֵּה הַנַּעַר
הַלָּזֶה ׃ 40 בְּעֶצֶם הַיּוֹם הַזֶּה בַּמָּקוֹם הַהוּא וּבָעִיר
הַהִיא ׃ 41 בַּאֲשֶׁר הוּא שָׁם ׃ 42 כַּאֲשֶׁר שָׁמַע
מֵהֶם ׃ 43 הֵמָּה הַיְלָדִים אֲשֶׁר נָתַן לִי הָאֱלֹהִים
בָּזֶה ׃

P. **PREMIER TABLEAU.** *B.* S.

Première conjugaison des verbes intègres. ACTIF, de la racine פָּקַד

I.	F. 2. M.	F. 3. M.	I.	F. 2. M.	F. 3 M.	
nous נוּ פָּקַדְנוּ nous avons pensé.	תֶּן vous תֶּם פְּקַדְתֶּם ״תֶּן vous avez pensé.	ils וּ פָּקְדוּ ils ont pensé.	je תִּי פָּקַדְתִּי j'ai pensé	תְּ tu. תָּ פָּקַדְתָּ, פָּקַדְתְּ tu as pensé	ָה elle, il פָּקַד * פָּקְדָה elle, il a pensé	PARF.
pensez. נִפְקֹד nous penserons.	פִּקְדוּ * פְּקֹדְנָה תִּפְקְדוּ, ״קֹדְנָה vous penserez.	[נ״ ת״ י״] יִפְקְדוּ**, תִּפְקֹדְנָה ils, elles penseront.	pense אֶפְקֹד je penserai	פְּקֹד ◦ פִּקְדִי תִּפְקֹד, תִּפְקְדִי tu penseras	[א״ ת״ י״ נ״] יִפְקֹד, תִּפְקֹד il, elle pensera	IMPÉR. FUTUR.

F. P. F. Passif. F. P. F. Actif.

pensé, e, s, es. פְּקֻדוֹת, פְּקוּדִים, פְּקוּדָה, פָּקוּד pen-sant. פֹּקְדוֹת, פֹּקְדִים, פֹּקֶדֶת; פֹּקְדָה* פֹּקֵד — PART.

ב en״, כ comme״, ל à״, de״, pour״, מ de penser מִ״פָּקְדָה ״ל ״כ ״ב פָּקֹד, מִפְּקֹד, לִפְקֹד, כִּ״ פְּקֹד, בִּ״ — GÉR.

* aussi פְּקַד et פָּקֹד ◦ aussi יִפְקַד ex. יִשְׁכַּב. יִשְׁמְעוּ ** יִפְקְדוּ ; יִפְקוֹדוּ

∞ Le plus souvent sans ה ; *voy.* IIe. *Tableau.* Voy. du reste *Ortholégie*, Tabl. III et IV, § 7, et Tabl. XI, *c.*

DEUXIÈME TABLEAU.

Deuxième conjugaison des verbes intègres. PASSIF. נִפְקֹד ; הִפָּקֵד INFIN.

נִפְקַדְנוּ n. av. été considérés	נִפְקַדְתֶּם, ״תֶּן v. av. été considérés	נִפְקְדוּ ils ont été considérés	נִפְקַדְתִּי j'ai été consid.	נִפְקַדְתָּ, ״תְּ tu as été consid.	נִפְקַד, נִפְקְדָה il, elle a été considéré, ée.	PARF.
soyez considérés, es. נִפָּקֵד n. serons considérés.	הִפָּקְדוּ, ״קַדְןָ תִּפָּקְדוּ ״קַדְנָה v. serez considérés	יִפָּקְדוּ, תִּ״ *ןָ ils, e. seront consid.	sois considéré אֶפָּקֵד je serai consid.	הִפָּקֵד, ״קְדִי תִּפָּקֵד ״קְדִי tu seras consid.	יִפָּקֵד*, תִּפָּקֵד il, elle sera considéré	IMP. FUTUR.

considéré, e, s, F. P. נִפְקָדוֹת M. P. נִפְקָדִים F. נִפְקֶדֶת ; נִפְקָדָה M. נִפְקָד — PART.

en״, comme״, à״, d'être considéré. הִפָּקְדָה ״ ; בְּ״ כְּ״ לְ״ מֵ״ הִפָּקֵד — GÉR.

* Pour ce qui concerne les lettres gutturales, *voy. Tabl. Orth.* III et IV, § 7.

N° 2. — T. I. b.

1 יַעֲקֹב שָׁמַר אֶת הַכְּבָשִׂים אֲשֶׁר לְלָבָן · 2 רִבְקָה
שָׁלְחָה אֶת־יַעֲ״ חָרָנָה · 3 הוּא וְעֵשָׂו קָבְרוּ אֶת־יִצְחָק
בְּחֶבְרוֹן · 4 הַשְּׁקָלוֹת הַכֶּסֶף אֲשֶׁר עַל הַשֻּׁלְחָן ·
5 הֲשָׂרַפְתְּ אֶת הָעֵצִים אֲשֶׁר מָכַרְתִּי לָךְ · 6 מַדּוּעַ
בְּרַחְתֶּם כָּכָה ? 7 לָמָּה לֹא סְגַרְתֶּן שַׁעַר הֶחָצֵר ·
8 שָׁכַחְנוּ כָּל־אֲשֶׁר לָמַדְנוּ מֵהֵמָּה ·
9 מְכֹר אֶת הָרֶכֶב אֲשֶׁר רָכַבְתִּי בּוֹ אֶמֶשׁ · 10 שִׁלְחִי
אֶת הָעֶבֶד הָעִירָה · 11 שִׁפְטוּ מִשְׁפַּט צֶדֶק ·
12 תְּפֹרְנָה עֶשֶׂר הַיְרִיעוֹת אַחַת אֶל אַחַת ·
13 אָנֹכִי אֶשְׁמַע דִּבְרֵי יְ״ וְאַתְּ תִּכְתֹּב הַסֵּפֶר אֲשֶׁר
אָמַרְתִּי לָךְ · 14 אִם תִּשְׁלְחִי אֶת הָאָמָה אֶל הַבְּאֵר
תִּשְׁאַב נָא גַם לִי מָיִם · 15 אַל יִסְגֹּר הַחֶדֶר כִּי
אֲנַחְנוּ נִשְׁמֹר עַל הַבָּיִת · 16 אֶת הַחֶבֶר הַזֶּה
תִּקְשְׁרוּ בַּחַלּוֹן · 17 אַתֶּן תִּשְׁאַבְנָה מַיִם לְמַעַן יִרְחֲצוּ
בּוֹ הַנְּעָרִים · 18 הַנָּשִׁים לֹא תִמְשֹׁלְנָה בָּאֲנָשִׁים ·

19 ד״ עִבֵּד אֶת הָאֲדָמָה וְהִיא רְחֻצָה בַּמַּיִם · 20 ד״
מִלֵּכָת בָּהֶם · 21 הַשֹּׁפְטִים מְשִׁלִים בָּעָם בָּעֵת הַהִיא
22 מִרְיָם וְכָל־הַנָּשִׁים תֹּפְשׂוֹת כִּנּוֹר וָתֹף ·
23 הַשַּׁעַר סָגוּר · 24 דְּבֹרָה רְבוּצָה תַּחַת הָעֵץ ·
25 הַבְּגָדִים קְרוּעִים וְהַנּוֹדוֹת בְּקוּעוֹת ·
26 אֲנִי פָּגַעְתִּי בוֹ בִּרְדֹף ש״ אוֹתוֹ · 27 כִּמְשֹׁל מֶלֶךְ
עַל יִשְׂרָאֵל עִבֵּד עַם הָאָרֶץ אֶת־הָאֲדָמָה · 28 הָלְכוּ
לִשְׁאֹל אֶת הַנָּבִיא · 29 ש״ שָׁבַרְתְּ מִלְמֹד · 30 אַיֵּה
מַיִם לְרָחְצָה ·

N° 3. — T. II.

1 נִפְחַדְתִּי בַּחֲלֹם הַלַּיְלָה · 2 הֲלֹא נִשְׁאַלְתָּ עַל
הַדָּבָר וְלָמָּה לֹא כָּתַבְתָּ לָנוּ · 3 נִשְׁמַעַתְּ שָׂרָה וְגַם
נִפְקַדְתְּ · 4 הַסֵּפֶר נִשְׂרַף בָּאֵשׁ · 5 הָאָמָה אֲשֶׁר
נִשְׁלְחָה לִשְׁאֹב מַיִם שָׁבְרָה אֶת הַכַּד אֲשֶׁר לָהּ וְהַמַּיִם
נִשְׁפְּכוּ עַל הָאָרֶץ · 6 אַתֶּם נֶעֱזַרְתֶּם מִמֶּנּוּ וַאֲנַחְנוּ
נִסְגַּרְנוּ בְּיַד אוֹיֵב ·
7 הִסָּגֵר בְּמִבְצָר וְהִמָּלֵט · 8 הִשָּׁמְרִי לָךְ פֶּן תִּשְׁכְּחִי

אֶת הַדָּבָר הַזֶּה · 9 הִשָּׁבְעוּ לִי כַּיּוֹם · 10 הִבָּדַלְנָה
מֵהֵנָּה ·

11 אִמָּלֵט נָא הֶהָרָה · 12 גַּם כִּי תִּצְעַק לֹא תִשָּׁמַע
כִּי רָחוֹק הַמָּקוֹם · 13 תִּשָּׁפְטִי בְצֶדֶק · 14 שֹׁפֵךְ דַּם
הָאָדָם יִסָּקֵל אוֹ יֵרָגֵם · 15 הַשִּׁפְחָה לֹא תִמָּכֵר עוֹד
לְאִישׁ אַחֵר · 16 מָתַי נִגָּאֵל מִיַּד הַצַּר הַזֶּה · 17 אִם
לֹא תִבָּרְחוּ תִתָּפְשׂוּ חַיִּים · 18 לֹא יִקָּבְרוּ הַיּוֹם כִּי
גָּבְרוּ הַמַּיִם מֵעֵבֶר · 19 הַבְּגָדִים יִקָּרְעוּ וְהַנֹּדוֹת
תִּבָּקַעְנָה מֵרֹב הַדֶּרֶךְ ·

20 הֵמָּה בָּרְחוּ בְּעַד הַשַּׁעַר הַנִּפְתָּח בַּבֹּקֶר לֹא יָדַעְתִּי
אָנָה הָלָכוּ · 21 הֲלֹא זֶה בֶּן־הָאִשָּׁה הַנִּתְפָּשָׂה ·
22 נִבְדָּלִים הֵם מִכָּל־עָם · 23 הַנֹּדוֹת נִבְקָעוֹת
מִכָּל צַד ·

24 הַמְרַגְּלִים יָצְאוּ מִן הָעִיר בְּהִפָּתַח הַשַּׁעַר בַּבֹּקֶר ·
25 כְּהִשָּׁמַע קוֹל הַמִּלְחָמָה נִבְהֲלוּ כָּל־אַנְשֵׁי הָעִיר
וְשָׁבְתוּ מִמְּלָאכָה · 26 חִדְלוּ לָכֶם מֵהִלָּחֵם בָּם כִּי
לֹא־תִצְלָחוּ ·

N° 4. — T. I.-II.

1 אַבְרָהָם זָבַח אֶת הָאַיִל וְיִצְחָק לֹא נִזְבַּח ׃
2 הַנְּעָרִים צָלְחוּ אֶת הַיַּרְדֵּן וְנִמְלָטוּ ׃ 3 רָ״ שָׁבְרָה
אֶת הַכַּד וְהַחֶמְאָה נִשְׁפְּכָה עַל הָאָרֶץ ׃ 4 בָּרַחְתְּ
וְלֹא נִרְדַּפְתְּ ׃ 5 עַל מֶה נֶאֱסַפְתֶּם פֹּה וְלָמָּה עֲזַבְתֶּם
אֶת הַמִּקְנֶה בַּשָּׂדֶה ׃ 6 צָעַקְנוּ בְּקוֹל גָּדוֹל וְלֹא
נִשְׁמַעְנוּ ׃

7 עֲבֹר וְהִמָּלֵט ׃ 8 אִסְפִי אֶת הֶעָנִי הַבַּיְתָה הִשָּׁמְרִי
לָךְ מֵעֲזֹב אוֹתוֹ ׃ 9 עִזְבוּ כָּל־דֶּרֶךְ עִקֵּשׁ וְהִבָּדְלוּ
מֵרְשָׁעִים ׃ 10 עֲמֹדְנָה פֹּה וְהִשָּׁעַנָּה תַּחַת הָעֵץ ׃
11 אֶעֱבֹר אֶת הַנָּהָר וְאִמָּלֵט ׃ 12 לָמָּה תַחֲרֹשׁ בְּנַחַל
אֵיתָן כָּזֶה אֲשֶׁר לֹא יִזָּרַע וְלֹא יֵעָבֵד ׃ 13 שֵׁשׁ שָׁנִים
תַּעַבְדִי לִי וּבַשְּׁבִיעִית תִּשָּׁלְחִי חָפְשִׁי ׃ 14 מַה־בֶּצַע
כִּי נַהֲרֹג אִישׁ נָקִי אַל נָא נִשְׁפֹּךְ דָּם פֶּן נֵעָנֵשׁ גַּם
אֲנַחְנוּ ׃ 15 הִשָּׁמַרְנָה לָכֶן פֶּן תִּכָּשַׁלְנָה בַּבּוֹרוֹת אֲשֶׁר
חֲפַרְתֶּן לָהֶן ׃ 16 סְגֹר דֶּלֶת הַחֶדֶר הַנִּפְתָּחָה וּפְתַח
שַׁעַר הֶחָצֵר הַסָּגוּר ׃ 17 הַבֹּרְחִים נָפְלוּ בַּבּוֹרוֹת

TROISIÈME TABLEAU.

TROISIÈME CONJUGAISON DES VERBES INTÈGRES. ACTIF, FRÉQUENTATIF. פַּקֵּד INF.

I.	F. 2 M.	F. 3 M.	I.	F. 2. M.	F. 3. M.	
פִּקַּדְנוּ	פִּקַּדְתֶּם, ־תֶּן	פִּקְּדוּ	פִּקַּדְתִּי	פִּקַּדְתָּ , פִּקַּדְתְּ	פִּקֵּד * , פִּקְּדָה	PARF.
	פַּקְּדוּ, פַּקֵּדְנָה			פַּקֵּד ** פַּקְּדִי	[אֲ־, תְ־ יְ־ נְ־]	IMP.
נְפַקֵּד	תְּפַקְּדוּ, ־קֵּדְנָה	יְפַקְּדוּ, תְ־קֵּדְנָה	אֲפַקֵּד	תְּפַקֵּד , ־קְּדִי	יְפַקֵּד **, תְ־ד	FUTUR.
מְפַקֵּד , ־קְּדָה ; מְפַקֶּדֶת · מְפַקְּדִים, מְפַקְּדוֹת [מבָרֵךְ · מבָרכה מבָרכים ־ות]						PART.
בְּ־ כְּ־ לְ־ מִ־ פַּקֵּד ; פַּקְּדָה [בשַׁחת„ לבָרֵךְ]						GER.

QUATRIÈME TABLEAU.

QUATRIÈME CONJUGAISON DES VERBES INTÈGRES. PASSIF, FRÉQUENT. פֻּקַּד

I.	F. 2 M.	F. 3 M.	I.	F. 2 M.	F. 3 M.	
פֻּקַּדְנוּ	פֻּקַּדְתֶּם , ־תֶּן	פֻּקְּדוּ	פֻּקַּדְתִּי	פֻּקַּדְתָּ , ־תְּ	פֻּקַּד ∘ פֻּקְּדָה	PARF.
נְפֻקַּד	תְּפֻקְּדוּ , ־קַּדְנָה	יְפֻקְּדוּ, תְּפֻקַּדְנָה	אֲפֻקַּד	תְּפֻקַּד , תְּפֻקְּדִי	אֲפֻקַּד ∘ תְ־ד	FUTUR.
מְפֻקָּד ∘ ־קָּדָה ; מְפֻקֶּדֶת מְפֻקָּדִים מְפֻקָּדוֹת · [מְבֹרָךְ , מְשֻׁחָה]						PART.

* דִּבֶּר Presque toujours avec ∵ E brève. *Voy. Guide.* בֵּרֵךְ ; שִׁחֵת, gutturale. פִּקֵּד aussi *
avec O bref. ** יְבָרֵךְ ; יְשַׁחֵת, ∘ בֹּרַךְ, יְבֹרַךְ, מְבֹרָךְ ∘ מְאָדָּמִים
Toutes ces petites variations s'expliquent par les règles orthologiques. *Voy. Orth.*, Tabl. IV, § 7, *c*, et Tabl. XI, *a*, *b* et *c*. SUP. de 3 et 4.

הַנֶּחְצָבוֹת בְּכָל־הַדֶּרֶךְ וְאֶת מִסְפַּר הַנִּקְבָּרִים
וְהַנִּתְפָּשׂוֹת לֹא יָדַעְנוּ ·

18 בְּהִשָּׁקֵל הַכֶּסֶף נִשְׁבְּרוּ הַמֹּאזְנַיִם · בְּיוֹם הִגָּמֵל
דָּוִד נִקְרְאוּ אֶל הַמִּשְׁתֶּה כָּל־אַנְשֵׁי הָעִיר מִנַּעַר וְעַד
זָקֵן · 19 מַה מְּאֹד נִכְסַפְתָּ נִכְסֹף לַהֲלֹךְ בְּדֶרֶךְ זֶה ·

No 5. — T. III.

1 רִ׳ בִּקֵּשׁ לַהֲרֹג אֶת שׁ׳ · 2 רָחָב שִׁלְּחָה אֶת
הַמְרַגְּלִים בְּשָׁלוֹם · 3 הַנְּעָרִים שִׁבְּרוּ אֶת הַכַּדִּים ·
4 גֵּרַשְׁתִּי אֶת הָאָמָה · 5 הָאַסַּפְתָּ הַמִּקְנֶה הַבַּיְתָה
6 סִפַּרְנוּ לָהֶם כֹּל אֵלֶּה כַּאֲשֶׁר דִּבַּרְתָּ וְלֹא נִשְׁמַעְנוּ ·
7 מִהַרְתֶּם לִשְׁפֹּט וְאִבַּדְתֶּם נֶפֶשׁ מִיִּשְׂרָאֵל ·
8 סַפֵּר לָנוּ אֶת אֲשֶׁר שָׁמַעְתָּ · 9 גַּלְּחִי שַׂעֲרַת רֹאשׁ
יְהוּדָה · 10 כַּבְּדוּ אָב וָאֵם · 11 כַּבֵּסְנָה אֶת
הַבְּגָדִים וְהַיְרִיעוֹת ·

12 אֲסַפֵּר מַעֲשִׂים אֲשֶׁר לֹא נִשְׁמְעוּ מִיּוֹם עֲבֹד אָדָם
אֶת הָאֲדָמָה · 13 נְשַׁבֵּחַ אֶת הָאֱלֹהִים גֹּאֵל יִשְׂרָאֵל ·

14 הִשָּׁמֶר לְךָ פֶּן תַּשְׁחִית אֶת הָעִיר ׃ 15 אֶת הַמַּצֵּבוֹת
אֲשֶׁר עָבְדוּ הָעַמִּים תְּשַׁבֵּרוּ וְכָל אֲשֵׁרָה תְּגַדֵּעוּ ׃
16 מַה תְּבַקְשִׁי עוֹד אִם עַד חֲצִי הַמַּלְכוּת וְיִנָּתֵן לָךְ ׃
17 גָּדוֹל ה׳ וְרַב כֹּחַ יִשְׁלַח רוּחַ סְעָרָה וִישַׁבֵּר כָּל־
אַרְזֵי הַלְּבָנוֹן ׃ 18 ר׳ וְד׳ יְכַתְּתוּ אֶת הָעֵץ לִבְתָרִים
וְהִנֵּה תְּבַשֵּׁלְנָה הַבָּשָׂר ׃
19 מַה אַתְּ בֹּטַחַת בְּר׳ הֲלוֹא הוּא מְבַקֵּשׁ לְךָ רָעָה ׃
20 הַחָכְמָה מְגַדְּלָה הַמְבַקְשִׁים וְהַלּוֹמְדִים אוֹתָהּ ׃
21 הַשְּׁקֵדִים מְמַהֲרוֹת לְבַשֵּׁל מִכָּל הַפֵּרוֹת ׃
22 הָאֲנָשִׁים הָהֵם הָלְכוּ לְרַגֵּל אֶת־הָאָרֶץ ׃ 23 כְּדַבֵּר
ש׳ כַּדְּבָרִים הָאֵלֶּה שָׂמַח לֵב כָּל־הַשֹּׁמְעִים ׃
24 בְּבַקַּע א׳ אֶת הָעֵצִים שָׁמַע קוֹל עֹרֵב ׃ 25 חָדַל
מְדַבֵּר לוֹ מִטּוֹב וְעַד רָע ׃

N° 6. — T. IV.

1 הַפָּרוּר אֲשֶׁר בִּשֵּׁל בּוֹ הַבָּשָׂר יִשָּׁבֵר ׃ 2 טָרֹף יוֹסֵף
חַיָּה רָעָה אָכְלָה אוֹתוֹ ׃ 3 הַשִּׂמְלָה אֲשֶׁר שָׁלַחְתָּ לִי

אֶמֶשׁ לֹא כֻבְּסָה · 4 גֻּנַּבְתִּי מִן הַבּוֹר וְנִמְכַּרְתִּי לְעֶבֶד ·
5 גֹּרַשְׁתָּ מִשָּׁם כְּגַנָּב · 6 עָפָר וָאֵפֶר אֲנַחְנוּ כִּי מֵעָפָר
לֻקָּחְנוּ ·

7 אָנָּא מַלֵּט אוֹתִי לָמָּה אֶסָּגֵר בְּיַד אוֹיֵב · 8 לֹא
תְכֻבַּד מֵהֶם עוֹד כִּי אוֹיְבִים הֵם לָנוּ · 9 בְּקַבֵּץ ה׳
אוֹתָנוּ שֵׁנִית לֹא נְפֻזַּר עוֹד · 10 צַדִּיק כְּרַעֲנָן יִפְרַח
וּרְשָׁעִים יִכָּרְתוּ מִן הָאָרֶץ וְלֹא יְגֻדְּלוּ עוֹד · 11 בַּיּוֹם
הַהוּא תְּחֻזַּקְנָה יָדַיִם רָפוֹת ·

12 הַפַּח הַמְרֻקָּע לֻקַּחְתִּי מֵעַל הַמִּזְבֵּחַ · 13 לֻבַּשְׁתִּי
שִׂמְלָה מְכֻבֶּסֶת וְהִנֵּה טֻנְּפָה · 14 הַיּוֹם אֻכַּלְנוּ פֵּרוֹת
מְבֻשָּׁלוֹת ·

N° 7. — T. III-IV.

1 מַה בִּקַּשְׁתָּ לָבָן כִּי מִשַּׁשְׁתָּ אֶת כָּל־הָאֹהֶל אִם גֻּנַּב
לְךָ אַיִל אוֹ כֶבֶשׂ אָנֹכִי אֲשַׁלֵּם לְךָ וְאִם טֹרְפָה לְךָ עֵז
בֻּקַּשׁ מִמֶּנִּי · 2 גִּדַּלְתִּי אֶתְכֶם וְאַתֶּם פְּשַׁעְתֶּם בִּי ·
3 שַׁאֲלִי אוֹתָהּ אִם כֻּבְּסוּ הַבְּגָדִים · 4 הָמָן בִּקֵּשׁ
לְאַבֵּד אוֹתָנוּ וְאֻבַּד הוּא וְכָל־אֲשֶׁר לוֹ · 5 הַחִלַּקְתֶּם

לָהֶם הַדָּגִים אֲשֶׁר מָכַרְתִּי לָכֶם · 6 מַה מְּאֹד
כִּבַּדְתֶּם מֵהֶם · 7 עִמְדוּ פֹה וַאֲלַמֵּד אֶתְכֶם חֹק
וּמִשְׁפָּט · 8 גַּם רַב יְלֻמַּד · 9 הִיא תְּבַקַּע הָעֵצִים
אֲשֶׁר יְבֹעֲרוּ עַל הַכִּיר וַאֲנַחְנוּ נִשְׁאַב מַיִם ·
10 מָתַי תְּשַׁלְּמִי לִי הָעֲבוֹדָה אֲשֶׁר עָבַדְתִּי לָהּ ·
11 אִם תְּכַבְּדוּ אָב וָאֵם תְּכֻבְּדוּ גַּם אַתֶּם ··· 12 רוּחַ
חָזָק נָשַׁב כָּל־הַלַּיְלָה מְפָרֵק הָרִים וּמְשַׁבֵּר סְלָעִים ·
13 מְאַבְּדִים הוֹן כְּסִילִים וְאִישׁ חָכָם וְחָרוּץ יַעֲשִׁיר ·
14 נַחֲמוּ נַחֲמוּ אֶת יִשְׂרָאֵל כִּי הַמְפֻזָּרִים יְקֻבְּצוּ
וְהַנֶּאֱבָדִים יֵאָסְפוּ · 15 אַנְשֵׁי גִבְעוֹן לָבְשׁוּ בְּגָדִים
קְרוּעוֹת וּמְטֻלָּאוֹת ····

N° 8. — T. V.

1 ה׳ הִכְבִּיד אֶת לֵב פַּרְעֹה לְבִלְתִּי שַׁלַּח אֶתְכֶם ·
2 שָׂרָה הִשְׁבִּיתָה אֶת־הֶחָמֵץ וְהַשְּׂאוֹר מִכָּל־הַחֲדָרִים ·
3 נָדָב וַאֲבִיהוּ נִשְׂרְפוּ עַל אֲשֶׁר הִקְטִירוּ קְטֹרֶת זָרָה
עַל מִזְבַּח ה׳ · 4 אֲנִי הֶעֱשַׁרְתִּי אוֹתָם · 5 הִמְעַטְנוּ

CINQUIÈME TABLEAU.

CINQUIÈME CONJUGAISON DES VERBES INTÈGRES. ACTIF, CAUSATIF. הַפְקֵד INF.

I	F. 2 M.	F. 3 M.	I.	F. 2 M.	F. 3 M.	
הִפְקַדְנוּ	הִפְקַדְתֶּם , ־תֶּן	הִפְקִידוּ	הִפְקַדְתִּי	הִפְקַדְתָּ , ־תְּ	הִפְקִיד, ־קִידָה	PARF.
n. av. fait consid.	v. av. fait consid.	ils ont fait consid.	j'ai fai considér.	tu as f. considérer	il, elle a fait considérer	
	הַפְקִידוּ, ־קֵדְנָה			הַפְקֵד * הַפְקִידִי	[אַ־ תְ־ יְ־ נְ־]	IMPER.
נַפְקִיד	תַּפְקִידוּ, ־קֵדְנָה	יַפְקִידוּ, תַּ־קֵדְןָ	אַפְקִיד	תַּפְקִיד, ־קִידִי	יַפְקִיד*, תַּ־קִד	FUTUR.

Gérondif immédiat, de l'infinitif. מַפְקִיד , ־קִידָה; מַפְקֶדֶת, מַפְקִידִים, מַפְקִידוֹת PARTIC.

Voy. aussi IV Tabl. *Orth.* * הַפְקִיד , תַּפְקֵד VARIAT.

SIXIÈME TABLEAU.

SIXIÈME CONJUGAISON DES VERBES INTÈGRES. PASSIF, CAUSAT. הָפְקֵד INF.

I	F. 2 M.	F. 3 M.	I.	F. 2 M.	F. 3 M.	
הָפְקַדְנוּ	הָפְקַדְתֶּם, ־תֶּן	הָפְקְדוּ	הָפְקַדְתִּי	הָפְקַדְתָּ , ־תְּ *Voy. Guide.*	הָפְקַד*, ־קְדָה il a été considéré.	PARF.
נָפְקַד	הָפְקְדוּ, ־קַדְנָה	יָפְקְדוּ, תָּפְקַדְנָה	אָפְקַד	תָּפְקַד , ־קְדִי	יָפְקַד**, תָּפְקַד il sera considéré	FUTUR.

Gérond. immédiat. de l'infin. considérées מָפְקָד * ־קָדָה; מָפְקֶדֶת , ־ִים , וֹת PART.

AORISTES, ou IMPARFAITS DES SIX CONJUGAISONS INTÈGRES.

3 וַנַּפְקֵד 4 וַנָּפְקַד	1 וַתָּפְקְדוּ 2 וַתָּפְקַדְןָ	6 וַיָּפְקְדוּ	5 וָאַפְקִד	3 וַתַּפְקֵד 4 וַתָּפְקְדִי	1 וַיִּפְקֹד 2 וַתָּפְקֵד
n. considérâmes, n. fûmes consid.	vous pensâtes. e. furent consid.	ils furent consid.	je fis considérer	tu considéras. je fus considéré	il pensa. elle fut considérée

* הָפְקֵד ** יָפְקֵד VAR.

לְלַקֵּט הַיּוֹם · 6 מַדּוּעַ הִלְבַּשְׁתָּ אוֹתִי בְּבֶגֶד זֶה ·
7 לָמָּה הֶעֱבַרְתֶּם אוֹתָנוּ פֹּה ·
8 הַנְחֵל אוֹתָם אֶת הָאָרֶץ אֲשֶׁר דִּבַּרְתִּי לָהֶם ·
9 הַלְעִיטֵנִי נָא אוֹתִי מִן הַנָּזִיד הַזֶּה · 10 הַבְדִּילוּ בֵּין
טָמֵא לְטָהוֹר כִּי קְדוֹשִׁים אַתֶּם · 11 הַבְעֶרְנָה אֶת־
הֶחָמֵץ ·
12 לֹא אַשְׁחִית אֶתְכֶם כָּלָה · 13 אַל תַּסְגִּיר עֶבֶד
בְּיַד אָדוֹן · 14 אַל תַּאֲכִילִי אֶת־הַיֶּלֶד כִּי חוֹלֶה הוּא ·
15 לֹא יַכְרִית ה׳ אֶת הַכְּנַעֲנִי פַּעַם אֶחָד כִּי אִם מְעַט
מְעָט · 16 אֵשֶׁת חַיִל הִיא וְלֹא תַרְעִיב אֶבְיוֹן ·
17 נַשְׁבִּיר בָּר לְאֹהֵב וּלְאוֹיֵב · 18 אִם תַּקְרִיבוּ קָרְבָּן
לַה׳ זָכָר תָּמִים תַּקְרִיבוּ אוֹתוֹ · 19 גַּם כִּי יַגְבִּיהוּ
לִצְעֹק לֹא יַשְׁמִעוּ כִּי רְחוֹקִים הֵם מֵהֵמָּה · 20 עֶשֶׂר
נָשִׁים תַּחֲזֵקְנָה בְּיַד אִישׁ אֶחָד · 21 בְּהַנְחִיל ה׳ אֶת
הַגּוֹיִם נָתַן לְעֵשָׂו אֶת הַר שֵׂעִיר וְלָנוּ אֶת אֶרֶץ
הַכְּנַעֲנִי לְנַחֲלָה · 22 שַׂר הַמַּשְׁקִים שָׁכַח לְהַזְכִּיר אֶת
יוֹסֵף אֶל פַּרְעֹה · 23 חֲדַל מֵהַחֲזִק בִּי ·

24 מַשְׁפִּיל גְּבוֹהִים וּמַגְבִּיהַּ שְׁפָלִים ה״ · 25 הַשֶּׁמֶשׁ
וְהַיָּרֵחַ מַבְדִּילִים בֵּין אוֹר לָחֹשֶׁךְ · 26 ר״ וְש״ מַלְבִּישׁוֹת
אֶת הַנְּעָרִים בָּאֹהֶל ·

N° 9. — T. VI.

1 הָסְגַּרְתִּי בְּיַד אוֹיֵב · 2 הֲלֹא הָפְקַדְתָּ עַל הַכֵּלִים
לִשְׁמֹר אוֹתָם · 3 טוֹבִים לָנוּ הַנְּעָרִים מְאֹד וְלֹא
הָכְלַמְנוּ מֵהֶם כָּל הָעֵת אֲשֶׁר שָׁכַנּוּ פֹּה · 4 הָאָרֶץ
טֶרֶם הָנְחֲלָה לָהֶם ·
5 הַשָּׂעִיר הָאֶחָד יָעֳמַד חַי לִפְנֵי פֶּתַח הָאֹהֶל · 6 אַל
תִּקְרַב עוֹד פֶּן תָּשְׁחַת אַתָּה וְכָל הָעָם אֲשֶׁר לְךָ ·
7 כָּל הַנִּגָּעִים בַּכֶּסֶף יָחֳרְמוּ ·

N° 10.

1 ר״ שָׂחַק אִם הַנְּעָרִים וְעִם ד״ · 2 וַתִּבְרַח הָגָר
מִפְּנֵי ש״ וְהִיא לֹא נִרְדְּפָה · 3 כִּשְׁמֹעַ ב״ קוֹל
הָרֹדְפִים סָגְרָה אֶת דֶּלֶת הַגֹּרֶן וַתִּטָּמֵן שָׁם עַד אֲשֶׁר
יַעֲבֹרוּ · אֲבָל ל״ מִהֵר לִפְתֹּחַ הַדֶּלֶת וַיִּסְגֹּר אוֹתָהּ

בְּיַד הָרֹדְפִים וּלְיְיָ כָּתַב כָּאֵלֶּה הִנֵּה שָׁלַחְתִּי לְךָ אֵת
יְיָ אֲשֶׁר עֲזַבְתֶּם אֹתְכֶם לֹא מֵרֹעַ לֵבָב כִּי אִם מִיִּרְאָה ·
וְהִנֵּה אֶשְׁאַל מִמְּךָ שְׁאֵלָה אַחַת אֲשֶׁר לֹא תֵעָנֵשׁ ·
4 מִהַרְתָּ לְדַבֵּר וְנִכְשַׁלְתָּ בִּדְבָרִים לָכֵן שְׁמַע נָא לִי :
בְּסוֹד זְקֵנִים אַל יְדַבֵּר נַעַר וּבִמְקוֹם הַגְּדוֹלִים מִמְּךָ
אַל תַּשְׁמִיעַ קוֹל · 5 וַיְסַפֵּר יְיָ לְיַעֲקֹב כַּדְּבָרִים
הָאֵלֶּה : הָרַגְנוּ כָּל־אַנְשֵׁי הָעִיר כָּל־זָכָר וַנַּחֲרֵם אוֹתָם
וְלֹא הִשְׁאַרְנוּ אִישׁ כִּי אִם הַנָּשִׁים וְהַטָּף · וַיִּשְׁמַע
יַעֲקֹב וַיֶּחֱרַד לֵאמֹר : עֲכַרְתֶּם אוֹתִי מְאֹד · הֲלֹא
כָּל־הַגּוֹיִם יֵאָסְפוּ מִסָּבִיב לִנְקֹם אוֹתָם וַאֲנַחְנוּ מְתֵי
מִסְפָּר · 6 וַיַּעַזְבוּ אֶת־הָעִיר וְהָעַמִּים לֹא רָדְפוּ אוֹתָם ·
7 תְּקַע בְּשׁוֹפָר וַיִּקָּבֵץ הָעָם · 8 מַהֲרוּ רִדְפוּ
אַחַר יְיָ וְגוֹ׳ וְהַשְׁלִיכוּ אוֹתָם אֶל הַבּוֹר אֲשֶׁר עַל
הַמִּדְבָּר · 9 הָאֲזִינָה נָשִׁים אֵת אֲשֶׁר אֲדַבֵּר : כַּבֵּסְנָה
בִּגְדֵי הַצֶּמֶר הַטְּנוּפוֹת וְתִפָּרְנָה הַקְּרוּעוֹת ·
10 אֶשְׁכַּב וְלֹא אֶפְחַד כִּי ה׳ שֹׁמֵר לִי · 11 הִשָּׁבַע
נָא אֲשֶׁר לֹא תִשְׁקֹר לִי · 12 עֹבֵד אֲדָמָה יִשְׂבַּע לָחֶם

וּמְרַדֵּף רֵיקִים יִרְעָב · 13 יַד חָרוּץ תַּעֲשִׁיר וְעָצֵל
יֶחְסַר לֶחֶם · 14 בָּלוּל בִּדְבַשׁ יִנְעַם לְחֵיךְ · 15 בֵּן
חָכָם יְשַׂמַּח אָב וּבֵן כְּסִיל מַקְצִיף אֵם · 16 אַל תְּמַהֵר
לִשְׁפֹּט וְדָרַשְׁתָּ וְחָקַרְתָּ הֵיטֵב טֶרֶם תִּשְׁפֹּט · 17 בְּחַר
לָנוּ כָל־אִישׁ חַיִל בָּעָם וְהִלָּחֵם בָּם · וַיִּלָּחֶם וַיִּגְבַּר ·
18 דַּבְּרִי אֶל הַנְּעָרוֹת וְחָדְלוּ מִכַּבֵּס טֶרֶם יִמְטַר ·
19 לֹא תַחֲרֹשׁ בְּשׁוֹר וּבַחֲמֹר יַחַד · 20 אַל נָא
תַּעֲשֹׁקְנָה שְׂכַר שָׂכִיר כִּי שֹׁמֵעַ אֱלֹהִים צַעֲקַת עָנִי ·
21 לִפְנֵי ה׳ לֹא יִצְדַּק רָשָׁע וְצַדִּיק לֹא יֶרְשַׁע לִפְנֵי אֵל
22 הִנֵּה לֶחֶם וּבָשָׂר לְאָכְלָה · 23 שְׁלַח אֶת הָאָמָה
לִשְׁאֹב מַיִם לְרָחְצָה · 24 כִּחֲשׁוּ הָאוֹיְבִים וְאָמְרוּ
מֵאֶרֶץ רְחוֹקָה אֲנַחְנוּ לְמַעַן הִמָּלְטָה · 25 מָה אָנֹכִי
מְבַקֵּשׁ מִכֶּם הֲלֹא זֹאת לְדָבְקָה בִּי לְמַעַן אֲבָרֵךְ
אֶתְכֶם · 26 אַל תֶּחְדַּל מֵאַהֲבַת הַטּוֹב וְהַיָּשָׁר
וּמִשְּׂנֹא כָל־דֶּרֶךְ עִקֵּשׁ · 27 הַקָּטֹן יְשָׁרֵת אֶת הַגָּדוֹל
וְהַצָּעִיר אֶת הַבְּכוֹר כְּדֶרֶךְ כָּל־הָאָרֶץ · 28 רַב לָמֵד
מִזֶּה וּמְלַמֵּד לָזֶה · 29 הִשְׁלַכְתִּי אֶל הַבּוֹר וְנִמְכַּרְתִּי

SEPTIÈME TABLEAU.

Première conjugaison des verbes initiale נ. ACTIF. נגש INF.

I.	F. 2 M.	F. 3 M.	I.	F. 2 M.	F. 3 M.	
נִגַּשׁ	־גְּשׁוּ, ־גַּשְׁנָה		אֶגַּשׁ *	־גַּשׁ, ־גְּשִׁי	[אֶ־, תִּ־ יִ־ נִ־]	IMP. et FUTUR.
Tout le reste est régulier comme	פקד *Voy. Guide.*		אֶפֹּל *	"גְּשָׁה	("נְגֹשָׁה) בְּ" כְּ" גֶּשֶׁת	GÉR.
					־וַיִּגַּשׁ*	AOR.

Deuxième conjugaison des verbes initiale נ. PASSIF הִנָּגֵשׁ INF.

נִגַּשְׁנוּ	נִגַּשְׁתֶּם · ־תֶּן	נִגְּשׁוּ	נִגַּשְׁתִּי	נִגַּשְׁתָּ , ־תְּ	נִגַּשׁ · נִגְּשָׁה	PARF.
נִנָּגֵשׁ	הִנָּגְשׁוּ ־גַשְׁנָה	[יִ־, ־תִּ־]	*אִנָּגֵשׁ	הִנָּגֵשׁ, הִנָּגְשִׁי	[יִ־ תִּ־]	IMP. et FUTUR.
Le gérondif immédiat. de l'infinitif ainsi que les conjugaisons suivantes.					נִגָּשׁ , ־שָׁה ; נִגֶּשֶׁת	PART.
					* וַיִּנָּגֵשׁ	AOR.

Cinquième conjugaison des verbes initiale נ. ACTIF, CAUSAT. הַגֵּשׁ INF.

הִגַּשְׁנוּ	הִגַּשְׁתֶּם , ־תֶּן	הִגִּישׁוּ	הִגַּשְׁתִּי	הִגַּשְׁתָּ , ־תְּ	הִגִּישׁ , ־ישָׁה	PARF.
נַ־	־הַגִּישׁוּ, ־גֵּשְׁנָה	יַ־	* אַגִּישׁ	־הַגֵּשׁ, ־הַגִּישִׁי	[יַ־, תַּ־]	IMP. et FUTUR.
* אַגֵּשׁ sur la formation de ce futur ainsi que sur celui de la seconde, voy. *Guide.*					מַגִּישׁ, ־שָׁה; ־גֶּשֶׁת	PART.
					וַיַּגֵּשׁ	AOR.

Sixième conjugaison des verbes initiale נ. PASSIF, CAUSAT. הֻגַּשׁ INF.

הֻגַּשְׁנוּ		הֻגְּשׁוּ	הֻגַּשְׁתִּי	הֻגַּשְׁתָּ , ־תְּ	הֻגַּשׁ ° , הֻגְּשָׁה	PARF.
	תֻּגְּשׁוּ , ־גַּשְׁנָה		אֻגַּשׁ		יֻגַּשׁ ° *תֻּגַּשׁ]	FUTUR.
° Aussi avec ָ bref,			* וָאֻגַּשׁ		• מֻגָּשׁ ־ָה ; גֶּשֶׁת	PART.

לְעֶבֶד · 30 כֹּה אָמַר ה״ אִם עַד אֵלֶּה לֹא תִשְׁמְעוּ
לִי וְלֹא תַאֲמִינוּ כִּי וַהֲלַכְתֶּם קֶרִי וְיָסַפְתִּי לְיַסְּרָה
אֶתְכֶם וְהִשְׁלַחְתִּי בָכֶם אֶת חַיַּת הַשָּׂדֶה וְשִׁכְּלָה
אֶתְכֶם וְהִמְעִיטָה אֶתְכֶם וְנִשְׁאַרְתֶּם מְתֵי מִסְפָּר בָּאָרֶץ
אֲשֶׁר נִשְׁבַּעְתִּי לָכֶם ·

N° 11.—T. VII.

1 מִי נָתַץ מִזְבַּח הַבַּעַל · 2 נָטַעְתִּי כֶרֶם וְלֹא בָצַרְתִּי
מִמֶּנּוּ עֲנָבִים · 3 נָדַרְנוּ נֶדֶר לְבִלְתִּי שַׁלַּח עוֹד אֶת
הָעֲדָרִים הַמִּדְבָּרָה · 4 הִשָּׁבְעִי נָא לִי אִם לֹא נָגַעַתְּ
בּוֹ וְאִם לֹא שָׁלַחַתְּ בּוֹ יָד ·
5 קַח לְךָ עֵגֶל בֶּן־שָׁנָה וּטְבַח אוֹתוֹ · 6 סְעִי מִפֹּה
וּבַקְּשִׁי לָךְ מָקוֹם אַחֵר · 7 שְׂאוּ אֶת הָאֲבָנִים אֲשֶׁר
עֲרַכְתֶּם בָּזֶה אֶל מָקוֹם אַחֵר · 8 גַּשְׁנָה בָנוֹת
וּשְׁמַעְנָה לְקוֹל אָב ·
9 אֶעֱבֹר בְּכָל־מִצְרַיִם וְאֶגֹּף כָּל־בְּכוֹר בָּהֶם · 10 לֹא
נִסַּע מִפֹּה אִם לֹא יְגָרְשׁוּ אוֹתָנוּ בְּיָד חֲזָקָה · 11 לֹא

תִטֹּר שִׂנְאָה בְּלֵבָב וְלֹא תִקֹּם נְקָמָה · 12 אַל תִּדְּרִי
נֶדֶר אַךְ אֵת אֲשֶׁר נָדַרְתְּ שַׁלְּמִי · 13 שִׁמְעוּ לְדִבְרֵי
אָב , וְאַל תִּטְּשׁוּ מוּסַר אֵם · 14 כִּי יִגַּח שׁוֹר אִישׁ
אֶת שׁוֹר אִישׁ אַחֵר יִסָּקֵל · 15 הָאָרֶץ אֲשֶׁר תַּעַבְרוּ
שָׁמָּה לֹא כְאֶרֶץ מִצְרַיִם הִיא כִּי בָהּ יִזְּלוּ מַיִם מִן
הֶהָרִים וּמַעְיָנוֹת בַּבִּקְעָה תִּבַּעְנָה ·
16 עֵת לָטַעַת וְעֵת לַעֲקֹר נָטוּעַ · 17 שַׁ״י מֵאֵן לָקַחַת
אֶת הַלֶּחֶם אֲשֶׁר נָתַן לוֹ בְּלִי דְבַשׁ וַיִּקְצֹף רְ״ ·

N° 12 — T. VII.

1 הַמָּטָר לֹא נִתַּךְ עַל הָאָרֶץ · 2 כָּל הַפְּלִשְׁתִּים
נִצְבּוּ תַּחַת הַגַּג בִּנְפוֹל הַבַּיִת וְלֹא נִמְלַט מֵהֶם אִישׁ ·
3 כַּאֲשֶׁר נִצַּלְתָּ מִפִּי הַדֹּב וְהָאֲרִי כֵּן תִּנָּצֵל מֵחֶרֶב
גָּלְיַת · 4 הָלַךְ אֶל הַחֶדֶר אֲשֶׁר שָׁכַבְתִּי בוֹ וַיִּקַּח
מִשָּׁם כָּל־הַזָּהָב · 5 מַדּוּעַ לֹא שָׁמַעַתְּ לְקוֹל אֵם
וַתִּטְּשִׁי וַתִּנְאֲצִי מוּסַר אָב · 6 הִנֵּה נִקַּמְתִּי מִפְּלִשְׁתִּים
הָאֵלֶּה אֲשֶׁר לָעֲגוּ לִי ·

7 הָרוּחַ הִשִּׁיל אֵת הַזֵּיתִים טֶרֶם עֵת הֵאָסֵף אוֹתָם ·
8 וַיֻּגַּד לוֹ כָּל־אֲשֶׁר שָׁמַע מֵהֶם וַיֶּחֶרְדוּ מְאֹד הוּא
וְכָל־הָאֲנָשִׁים אֲשֶׁר שָׁם · 9 וַיַּטִּילוּ גוֹרָל עַל הַבְּגָדִים
אֲשֶׁר בָּזְזוּ בַּמִּלְחָמָה · 10 הִגַּהְתָּ חֹשֶׁךְ כַּצָּהֳרַיִם
לָאִישׁ חָסִיד וַתַּפֵּל לָאָרֶץ גְּאוֹן רְשָׁעִים ·
11 הַבֵּט הַשָּׁמַיְמָה וּסְפֹר אֵת הַכּוֹכָבִים · 12 הַטִּילִי
גוֹרָל בֵּין רְ״ וְדֵ״ וְחַלֵּק לָהֶם אֵת הָאֱגוֹזִים · 13 הַגִּידוּ
בְּגַת וְהַשְׁמִיעוּ בְּחֶבְרוֹן קוֹל בְּשׂוֹרָה · 14 הִבְעָרָה
כַּמַּיִם דִּמְעָה עַל שֶׁבֶר בַּת צִיּוֹן · 15 לֹא הֻגַּד לִי
מְאוּמָה מִכָּל־זֶה · 16 לַלֵּוִי לֹא יִתֵּן חֵלֶק בְּקֶרֶב שִׁבְטֵי
יִשְׂרָאֵל ·
17 הַמַּיִם הֻצְּקוּ עַל הָאָרֶץ · 18 וַיַּחֲלֹם יַעֲקֹב וְהִנֵּה
סֻלָּם מֻצָּב אַרְצָה ·

N° 13. — T. VIII.

1 צֵא מִן הַמָּקוֹם הַזֶּה וְלֵךְ אֶל אֶרֶץ אַחֶרֶת · 2 דְּעִי
לָךְ אֵת הַמָּקוֹם אֲשֶׁר אֶשְׁכֹּן שָׁם בַּצָּהֳרַיִם · 3 שְׁבוּ

לָכֶם פֹּה עִם הַחֲמֹר וַאֲנַחְנוּ נַעֲבֹר עַד כֹּה אוּלַי נַשִּׂיג
אוֹתָם · 4 צֶאנָה הַחוּצָה וְהַבֵּטְנָה אִם אֵין עָבִים
בַּשָּׁמָיִם ·

5 אָנֹכִי אֵרֵד כַּאֲשֶׁר דִּבַּרְתִּי רַק אִישׁ אַל יֵדַע מְאוּמָה
פֶּן יֶאֶרְבוּ לָנוּ · 6 וַיֵּלֶךְ לְהִשָּׁעֵן תַּחַת הָעֵץ וַיִּישַׁן שָׁם
7 וַיֵּרְדוּ אֶל הַבִּקְעָה לְלַקֵּט לָהֶם עֵשֶׂב וַיֵּצְאוּ זְאֵבִים
מִן הַיַּעַר וַיִּגְּפוּ בָּהֶם · 8 נֵשֵׁב פֹּה לָמָּה נִיגַע לָרִיק ·
9 אַל תִּישְׁנִי פֶּן תַּעַזְבִי אֶת הַיֶּלֶד בְּיַד נָכְרִיָּה ·
10 וָאֶחֱלֹם וְהִנֵּה פָּרוֹת יוֹרְדוֹת מִן הָהָר וַתֵּחָמְנָה
הַפָּרוֹת וַתִּיעַפְנָה מְאֹד עַד אֲשֶׁר נָפְלוּ לָאָרֶץ וָאִיקַץ
וְהִנֵּה חֲלוֹם · 11 הֵמָּה לֹא יִירְשׁוּ אֶת הָאָרֶץ כִּי לֹא
בָטְחוּ בִי ·

12 בְּשֶׁבֶת יִשְׂ׳ בְּמִצְרַיִם עָבְדוּ אֵל נֵכַר הָאָרֶץ ·
13 כְּרֶדֶת רְ׳ אֶל הַבּוֹר וְהִנֵּה אֵין יוֹסֵף בַּבּוֹר וַיִּצְעַק
צְעָקָה גְדוֹלָה · 14 הֲלֹא לָכֶם לֵב לָדַעַת וְאָזְנַיִם
לִשְׁמֹעַ ·

HUITIÈME TABLEAU.

PREMIÈRE CONJUGAISON DES VERBES INITIALE י. ACTIF, ינק ; ילד INF.

I.	F. 2 M.	F. 3 M.	I.	F. 2 M.	F. 3 M.	
	־לדו, ־לדנה*		אלד*, אינק	־לד, ־לדי	[א־, ת־, ־ר נ־]	IMP. et FUTUR
מרדה, תלדנה			*ואלד. ואינק		ב־ לדת (ל־לדה°)	GÉR.

DEUXIÈME CONJUGAISON DES VERBES INITIALE י. PASSIF, הולד הולדה INF.

I.	F. 2 M.	F. 3 M.	I.	F. 2 M.	F. 3 M.	
נולדנו	נולדתם, ־תן	נולדו	נולדתי	נולדת, ־ת	נולד, נולדה	PARF.
נולד°	הולדו, הולדן	[־ר, ת־, נ־,]	אולד	הולד, הולדי	[־ר, ת־]	IMP. et FUTUR
° ונולד aoriste					נולד, ־דה ; ־לדת	PART.

CINQUIÈME CONJUGAISON DES VERBES INITIALE י. ACTIF, CAUSAT. *הוליד היניק INF.

I.	F. 2 M.	F. 3 M.	I.	F. 2 M.	F. 3 M.	
היבקנו, הולדנו	היבקתם, ־לדתן	הולידו	היבקתי	הולדת, היבקת	הוליד, הולידה	PARF.
	הולידו, היבקנה			הולד*, היניקי	*יוליד, תיניק	IMP. et FUTUR
*הולד	יותר ; יותר	מולידים, ־ות מיניקים, ־ות			מוליד, מיניקה ; מינקת	PART.
					ויולד, ותינק	AOR.

SIXIÈME CONJUGAISON DES VERBES INITIALE י. PASSIF, CAUSAT. הולד INF.

I.	F. 2 M.	F. 3 M.	I.	F. 2 M.	F. 3 M.	
	הולדתם, ־תן		הולדתי		הולד, הולדה	PARF.
* נולד ונולד aoriste	הלדת gér.	יולדו, תו־ן		תולד, תולדי	מולד, מולדה ; מולדת	FUTUR.

N° 14. — T. VIII.

1 אָכֵן נוֹדַע הַדָּבָר · 2 הִשָּׁמֵר לְךָ מִדַּבֵּר לוֹ מִדָּבָר
הַזֶּה פֶּן יֵחָשֵׁךְ בָּנוּ אִם יוּדַע לוֹ · 3 כַּאֲשֶׁר נוֹשַׁעְתָּ
מִפִּי הָאֲרִי וְהַדֹּב כֵּן תִּוָּשַׁע מִיַּד צָר · 4 נוֹקַשְׁתִּי
בְּאִמְרֵי פִי עַל כֵּן אָמַרְתִּי לְךָ הִזָּהֵר פֶּן תִּכָּשֵׁל גַּם
אַתָּה · 5 לֹא יוּקַשׁ אִישׁ הַתָּמִים כִּי בֶּאֱמֶת הוּא הֹלֵךְ ·
6 לַשָּׁוְא נוֹסְדוּ יַחַד כָּל־מַלְכֵי הָאָרֶץ כִּי ה׳ עֹזֵר לָנוּ ·
7 לֹא יִוָּסְרוּ עוֹד רְשָׁעִים כָּאֵלֶּה כִּי לֵב אֶבֶן לָהֶם ·
8 נוֹעַצְנוּ יַחַד לָרֶדֶת וּלְהִלָּחֵם בָּם ·
9 הִוָּעֲצוּ יַחַד טֶרֶם תִּשָּׁפְטוּ פֶּן תְּאַבְּדוּ אִישׁ נָקִי ·
10 הִוָּעַדְנָה פֶּתַח הָאֹהֶל לִשְׁמֹעַ מַה יְּדַבֵּר ·
11 עִיר נוֹשֶׁבֶת הִיא מֵאָז עָבַר יְהוֹשֻׁעַ אֶת הַיַּרְדֵּן ·
12 כָּל־הָאֲנָשִׁים הַנּוֹעָדִים עַל מ״ יָרְדוּ שַׁחַת כִּי
בָּלְעָה הָאָרֶץ אוֹתָם ·

N° 15. — T. VIII.

1 זְכֹר נָא אֵת אֲשֶׁר הוֹלַכְתִּי אוֹתְךָ בַּמִּדְבָּר בְּאֶרֶץ

לֹא זְרוּעָה · 2 יְיָ הוֹצִיאָה אוֹתוֹ הַחוּצָה לְמַעַן הִמָּלֵט
אוֹתוֹ · 3 מַדּוּעַ לֹא הוּנְחַלְתֶּם לִי · הֵם הוֹרִישׁוּ אֶת
יֹשְׁבֵי הָהָר ·
4 הוֹרֵד נָא אוֹתָם מֵעַל הַגַּג · 5 הוֹצִיאִי אוֹתָם
הַחוּצָה וְנֵדַע מִי הֵם · 6 הֵילִיכִי אֶת הַיֶּלֶד וְהֵינִיקִי
אוֹתוֹ לִי · 7 הֵיקִיצוּ אוֹתָם וְנֵלֵךְ וְלֹא נִפֹּל בְּיַד
הָרֹדְפִים · 8 הוֹקִיעוּ כָּל־אִישׁ אֲשֶׁר כָּרַע לַבַּעַל ·
9 לֵךְ נָא כִּי אַתָּה תוֹשִׁיעַ אֶת־יִשְׂרָאֵל מִכָּל־אוֹיֵב
מִסָּבִיב וְלֹא אוֹסִיף עוֹד לִנְגֹּף אוֹתָם לִפְנֵי הַצָּר
וְהֵיטַבְתִּי לָהֶם כַּאֲשֶׁר דִּבַּרְתִּי · 10 הִנֵּה תוֹבִיל לוֹ
מִנְחָה לְמַעַן יִסְלַח לָהּ וְיֵיטִיב לָהּ עוֹד · 11 מַה
נּוֹעִיל לוֹ אִם נֵרֵד לְדַבֵּר עִם הַשֹּׁפֵט הָאַכְזָר הַזֶּה ?
12 וַיּוֹרִידוּ אֶת יוֹסֵף מִצְרַיְמָה וַיִּמְכְּרוּ אוֹתוֹ לְעָבֶד ·
13 הִנֵּה הוּא מוֹרִיד הַשַּׂק מֵעַל הַגָּמָל · 14 הִנֵּה יְיָ
הַמּוֹבֶלֶת לָנוּ לֶחֶם לַאֲכִלָה · 15 הַאֵין פֹּה אִשָּׁה
מֵינֶקֶת בַּקְּשׁוּ נָא · 16 הֵן מוֹלִיכוֹת אֶת־הַיְלָדִים
הַבַּיְתָה וּמֵישִׁינוֹת אוֹתָם ·

NEUVIÈME TABLEAU.

Première conjugaison des verbes initiale א. ACTIF, אכל INF.

I.	F. 2. M.	F. 3. M.	I.	F. 2. M.	F. 3. M.	
	תֹּאכְלוּ, ־כַלְנָה		אֹכַל		יֹאכַל *, תֹּאכַל	FUTUR.
לֶאֱכֹל ; לֵאמֹר Tout le reste de ce verbe rentre dans la catégorie des gutturales. ‖ וַיֹּאכַל aoriste ‖ וַיֹּאסֵף *						GÉR.

DIXIÈME TABLEAU.

Première conjugaison des verbes finale א. ACTIF, מצא ; שנא INF.

מָצָאנוּ	מְצָאתֶם, שְׂנֵאתֶן	מָצְאוּ *	שָׂנֵאתִי	שָׂנֵאתָ, מָצָאתָ	מָצָא, שָׂנְאָה *	PARF.
נִשְׂנָא			אֶמְצָא	מְצָא , ־	יִשְׂנָא , תִּמְצָא	IMP. et FUTUR
לִשְׂנוֹא , לְשִׂנְאָה [מְצֹאת] aoriste וָאֶמְצָא *Orth.*, Tabl. X. מְצָאָה , שִׂנְאָה *						GÉR.
מֹצֵא ; שֹׂנֵא שֹׂנֵאָה ; מֹצֵאת						PART.

Deuxième conjugaison des verbes finale א. PASSIF, הִמָּצֵא INF.

נִמְצָאנוּ		נִמְצְאוּ		נִמְצֵאתָ	נִמְצָא	PARF.

Troisième et quatrième conjug. des verbes finale א. ACT. et PASS. מַלֵּא INF.

מִלֵּאנוּ	מִלֵּאתֶם	מִלְּאוּ	מִלֵּאתִי	מִלֵּאתָ, מִלֵּאת	מִלֵּא, מִלְּאָה	PARF.

Cinquième et sixième conjug. des verbes fin. א. ACT. et PASS., causat. הַמְצִיא INF.

הִמְצֵאנוּ	הִמְצֵאתֶם	הִמְצִיאוּ	הִמְצֵאתִי	הִמְצֵאתָ	הִמְצִיא, הִמְצִיאָה	PARF.

17 יָרַדְתִּי לְהוֹשִׁיעַ אוֹתְךָ מִיַּד אֱלֹהַ · 18 כְּהוֹכִיחַ
אִישׁ אֶת אִישׁ אַל יְדַבֵּר לוֹ קָשׁוֹת · 19 לֹא אֶחְדַּל
מֵהֵיטִיב לָךְ׃ (*Voy. aussi la 6me Conjugaison.*)

No 16. — T. IX.

1 מִי יֹאמַר לְשַׁי לְדֹרֹת · 2 אִם נַעֲמֹד פֹּה נֹאבַד
בַּמַּגֵּפָה וְאִם נֵצֵא נִפֹּל בְּחֶרֶב אוֹיֵב · 3 לָמָּה תֶּאֱבַל
אֱכֹל וּשְׂמַח · 4 אִם תֶּאֶגְרוּ אֶת הַזֵּיתִים אַל תְּפָאֲרוּ
לַגֵּר וְלַיָּתוֹם וְלָאַלְמָנָה תּוֹתִירוּ הַנִּשְׁאָרִים · 5 בַּיּוֹם
הַהוּא יֹאחֲזוּ אִישׁ בְּאִישׁ לֵאמֹר נֵלֵךְ לְבַקֵּשׁ מֶלֶךְ
לָנוּ · 6 וַיִּסַּע לוֹט מֵאֵת אַבְרָם וַיֶּאֱהַל עַד סְדֹם ·

No 17. — T. X.

1 מִי בָרָא הַשָּׁמַיִם וְהָאָרֶץ · 2 חָטָאתָ לִי עַל כֵּן
נֶעֱנַשְׁתָּ · 3 וָאֹהַב אֶת יַעֲקֹב וְאֶת עֵשָׂו שָׂנֵאתִי ·
4 כָּלָאנוּ אֶת הַשּׁוֹר לְמַעַן לֹא יִגַּח אִישׁ · 5 מַדּוּעַ
נְשָׂאתֶם אוֹתוֹ הֵנָּה לָמָּה לֹא הֶעֱבַרְתֶּם אוֹתוֹ אֶת
הַנָּהָר ·

6 קְרָא אֶת הָאִישׁ וְנִשְׁמַע מַה יֹּאמַר ׃ 7 וַיִּקְרָא מֹשֶׁה
אֶל ה׳ וַיֹּאמַר אֵל אֱלֹהֵי הָרוּחוֹת הָאִישׁ אֶחָד יֶחֱטָא
וְעַל כָּל־הָעֵדָה תִּקְצֹף ׃ 8 גַּם עַל אוֹדוֹת מ׳ קָרָא אֶל
ה׳ לֵאמֹר אֵל נָא רְפָא נָא לָהּ ׃ כִּי אַתָּה תִּמְחַץ
וְתִרְפָּא ׃

9 נִרְפָּא הַנֶּגַע ׃ 10 נִקְרֵאת אֶל הַשֹּׁפֵט מַהֲרִי לְכִי ׃
11 מִלֵּאתִי אֶת־הַנֹּודוֹת בְּיַיִן קַח אוֹתָם ׃ 12 וְנִשְׁמַרְתֶּם
מִכָּל הַתּוֹעֵבוֹת אֲשֶׁר נִטְמֵאתֶם בָּהֶם עַד הֵנָּה וְלֹא
תוֹסִיפוּ עוֹד לְהַכְעִיס אוֹתִי ׃ 13 מִקְדַּשׁ ה׳ טִמֵּאתֶם
וְלֹא יְרֵאתֶם אַף ד׳ ׃ 14 לָמָּה הֶחֱטֵאתָ אוֹתָנוּ כָּכָה
וַאֲנַחְנוּ מָה ׃ 15 בִּקַּשְׁתֶּם בְּכָל הָעִיר וְלֹא נִמְצָאתֶם ׃

N° 18 — T. XI.

1 קְרָאתִי לוֹ אַךְ לֹא אָבָה לִשְׁמֹעַ לִי לָרֶדֶת מִן הָהָר ׃
2 הִיא אָלְתָה לֵאמֹר אָרוּר הָאִישׁ אֲשֶׁר לָקַח הַכֶּסֶף
אֲשֶׁר צָפַנְתִּי ׃ 3 אֶת הַבָּצֵק אֲשֶׁר הוֹצִיאוּ מִמִּצְרַיִם
אָפוּ מַצּוֹת טֶרֶם הֶחֱמִיץ ׃ 4 הֲרָאִיתָ אֵת אֲשֶׁר עָשָׂה

ONZIÈME TABLEAU.

PREMIÈRE CONJUGAISON DES VERBES FINALE ה. ACTIF, הָיֹה, פָּנֹה INF.

I.	B. 2 M.	E. 3 M.	I.	F. 2 M.	F. 3 M.	
פָּנִינוּ	פְּנִיתֶם, ־תֶן	פָּנוּ, הָיוּ	פָּנִיתִי	פָּנִיתָ, הָיִיתְ	פָּנָה, פָּנְתָה	PARF.
נִפְנֶה, נִהְיֶה	" פְּנוּ, " פְּנֶינָה	יִפְנוּ, יִהְיוּ	[אֶ־, תִּ־, יִ־, נִ־]	פְּנֵה, פְּנִי	יִפְנֶה *, תִּ־, ־ֶה	IMP. et FUTUR.
	פְּנוּיִם, ־יוֹת	פָּנוּי, פְּנוּיָה pass.			act. פֹּנֶה, פֹּנָה, פֹּנִים	PART.
* יְהִי; יִפֶן .v. Ort., T. XII; l'aor וַיְהִי; וַיִּפֶן, וַיֵּפֶן g. וַיַּעַשׂ ‖ וַיֵּשְׁתְּ; וַיֵּשְׁבְּ, וָאֵרֶא, וַיֵּרָא; וַיִּחַר					בּ״ כּ״ פְּנוֹת	GÉR.

DEUXIÈME CONJUGAISON DES VERBES FINALE ה. PASSIF, הִפָּנֹה INF.

נִהְיֵינוּ	נִפְנֵיתֶם, נִהְיֵיתֶן	נִפְנוּ	נִהְיֵיתִי	נִפְנֵיתָ	נִפְנָה, נִפְנְתָה	PARF.
	"הִפָּנוּ, "הִפָּנֶינָה	יִפָּנוּ, תִּ־ נֶין	[אֶ־, נִ־, יִ־, תִּ־]	" הִפָּנֵה, "הִפָּנִי	יִפָּנֶה *	IMP. et FUTUR.
* וַיִּפֶן gutt. וַתַּעַשׂ					נִפְנֶה, ־נָה, ־נִים	PART.
* הִגָּלוֹת נִגְלוֹת					לְ״ מֵ״ הִפָּנוֹת *	GÉR.

TROISIÈME ET QUATRIÈME CONJUG. DES VERBES FINALE ה. A. ET P. FRÉQ., פַּנֹּה, פֻּנֹּה INF.

פִּנִּינוּ	פִּנִּיתֶם, ־תֶן	פִּנּוּ		פִּנִּיתָ, פִּנִּיתְ	פִּנָּה, פִּנְּתָה	PARF.
			צַו * etc.	" פַּנֵּה * " פַּנִּי	יְפַנֶּה°,	IMP. et FUTUR.
° יְפַן ; יְפֶן de là וַיְפַן ; וַיְפַנּוּ				בּ״ כּ״ פַּנּוֹת	מְפַנֶּה נָה ים ות°	PART.

CINQUIÈME ET SIXIÈME CONJUGAISON DES VERBES FIN. ה ACTIF ET PASSIF, CAUSAT. הַפְנֵה INF.

Imparfait.	Gérondif.	Participe,	Impératif. *	P. Futur. s.	2 Parfait. 3
וַיֶּפֶן, וַיַּשְׁקְ, וַיַּעַ	לְ״ הַפְנוֹת	מַפְנֶה, מָפְנָה	*הַפְנֵה, הַפְנִי	יַפְנֶה, יַפְנוּ	הִפְנָה,"נְתָה,נִיתָ

* הֶרֶף הַס

לִי · 5 אֶתְמוֹל בָּכִינוּ עַל ר״י כְּבַעַל מֵת וְהַיּוֹם שָׁמַעְנוּ
כִּי עוֹד הוּא חַי ·

6 לֵךְ רְעֵה אֶת הַצֹּאן · 7 בְּרִי אֶת הַתְּאֵנִים הָאֵלֶּה
8 רְדוּ בִּדְגַת הַיָּם וּבְכָל־הָרֹמֵשׂ עַל הָאֲדָמָה ·
9 צְאֶינָה וּרְאֶינָה אִם לֹא תִמְצֶאנָה אוֹתוֹ ·
10 נִכְרֶה בָּזֶה אוּלַי נִמְצָא מַיִם וְנִשְׁתֶּה וְלֹא נִגְוַע
בַּצָּמָא · 11 אַל תִּשְׁעֶה אֶל הַשֶּׁקֶר אֲשֶׁר יֹאמַר לָךְ ·
12 אַל תִּפְנִי אֶל אִישׁ אַחֵר כִּי הוּא גֹאֵל · 13 וְהָיָה
טֶרֶם תַּעֲלֶה לִשְׁכַּב וְהֵקַצְתָּ אֶת הָאָמָה · 14 כִּי
תִקְנוּ עֶבֶד עִבְרִי שֵׁשׁ שָׁנִים יַעֲבֹד וּבַשְּׁבִיעִית יֵצֵא
חָפְשִׁי · 15 אִם תַּעֲלֶינָה לִדְלוֹת מַיִם קְרֶאנָה גַּם
לְלֵאָה ·

16 מֹשֶׁה הָיָה רֹעֶה אֶת הַצֹּאן בַּמִּדְבָּר · 17 וַיִּמְצָא
אֶת הָאָמָה תֹּעָה בַּדֶּרֶךְ · 18 וָאַגֵּד לָהֶם כָּל־אֲשֶׁר
דִּבַּרְתָּ וְהֵמָּה עֹנִים לִי נַעֲשֶׂה וְנִשְׁמַע · 19 הַפָּרוֹת
הָיוּ הֹלְכוֹת וְגֹעוֹת עַד רֹאשׁ הַגִּבְעָה ·

20 הַבֶּגֶד קָנוּי קְחִי לָךְ · 21 הִיא הָיְתָה שְׁבוּיָה

בְּמִדְיָן · 22 מִסְפַּר הַפְּדוּיִם לֹא יָדַעְנוּ · 23 אֶת
הַבְּגָדִים הָעֲשׂוּיוֹת לְקֻחָה רָחֵל ·
24 בִּשְׁבוּת אַשּׁוּר שְׁבִי גָּ׳ הוֹרִיד גַּם אוֹתִי בָּבֶלָה ·
25 כַּחֲנוֹת יוֹאָב לִפְנֵי הָעִיר שָׁלַח לוֹ הַסֵּפֶר הַזֶּה בְּיַד
זָ׳ · 26 וְלֹא יוֹסִיף עוֹד לִרְדּוֹת בָּכֶם אוֹיֵב וְלֹא יְהִי
עוֹד לָכֶם לְפַח וּלְמוֹקֵשׁ ·

N° 19. — T. XI.

1 זְאֵב נִרְאָה בַּיַּעַר אֶמֶשׁ · 2 וְהִיא אִשָּׁה יְפַת תֹּאַר
נִשְׁבְּתָה בַּמִּלְחָמָה · 3 צֹר וְגַת נִבְנוּ טֶרֶם עֲלוֹת יִשְׂ׳
לִלְכֹּד אֶרֶץ הַכְּנַעֲנִי · 4 קָרָאתִי בְקוֹל וְלֹא נֶעֱנֵיתִי ·
5 עַל־מֶה נֶחֱלֵיתָ כָּכָה · 6 כִּמְעַט כִּסְדֹם נִהְיֵינוּ
וְלַעֲמֹרָה דָּמִינוּ · 7 הַגִּידוּ נָא לָנוּ אֵיךְ נִפְדֵיתֶם ·
8 קַח אֶת הַמֶּלַח הַנֶּרְכֶּה וְהַשְׁלֵךְ אוֹתוֹ בְּסִיר הַבָּשָׂר ·
9 שִׁלְחִי לִי הַקְּעָרָה הַנֶּחְפָּה בְּכֶסֶף · 10 הַנִּפְדִּים
מִיַּד מִ׳ נִגְלוּ שֵׁנִית אֶל אֶרֶץ אַ׳ · 11 הַטּוֹבוֹת
הַנַּעֲשׂוֹת בַּסֵּתֶר יְשֻׁלְּמוּ כִּפְלַיִם ·

12 הֵרָאֵה עוֹד לֹא וְהִגַּד לוֹ כַּדְּבָרִים הָאֵלֶּה ·

13 וַיֹּאמֶר אֱלֹהִים אֶל הַמַּיִם הִקָּווּ מִתַּחַת הַשָּׁמַיִם
אֶל מָקוֹם אֶחָד וְתֵרָאֶה הַיַּבָּשָׁה וַיְהִי כֵן · 14 נָשִׁים
הֵעָלֶינָה מֵאֹהֶל קֹרַח ·

15 לֹא הָיִיתִי חוּץ לַמַּחֲנֶה כִּי יָרֵאתִי פֶּן אֶשָּׁבֶה ·

16 הַיּוֹם תֵּעָשֶׂה שַׂר עַל הָעִיר · 17 אַל תִּירְאִי כִּי
בִמְהֵרָה תִּפָּדִי · 18 לְכִי סִגְרִי אֶת הַדֶּלֶת לְמַעַן לֹא
תִכָּבֶה הַנֵּר · 19 עִבְדוּ אֶת הָעֲבֹדָה אֲשֶׁר אָמַרְתִּי
לָכֶם לָמָּה זֶה תִּרָפוּ · 20 הֵם יֵשְׁבוּ לָבֶטַח תַּחַת
הַגֶּפֶן וְהַתְּאֵנָה וְהַנָּשִׁים תִּשָּׁלֶינָה כִּי לֹא יַעֲבֹר עוֹד
חֶרֶב בָּאָרֶץ ·

21 וַיְהִי אַחַר הִכָּבוֹת הַנֵּר וָאֶשְׁמַע קוֹל צְעָקָה ·

22 כְּהִשָּׁבוֹת לוֹט מִן הַמְּלָכִים רָדַף אַחַר אֵלֶּה וְלֹא
הִשִּׂיג אוֹתָם · 23 בְּהֵרָאוֹת אֶסְתֵּר לַמֶּלֶךְ שֵׁנִית
חָשַׁק בָּהּ וְאָהַב אוֹתָהּ מִכָּל הַנָּשִׁים ·

N° 20. — T. XI.

1 יְיָ צִוָּה אוֹתִי לִקְנוֹת לוֹ חֲמֹר וּפָרָה · 2 הֶעָנָן
כִּסָּה עַל הַמִּשְׁכָּן כָּל־עֵת חֲנוֹת יְיָ בַּמָּקוֹם הַהוּא ·
3 וְאֶת הַמִּזְלָגוֹת עָשׂוּ כֶּסֶף וְחִפּוּ אוֹתָם זָהָב טָהוֹר ·
4 כִּלִּיתִי אֶת הַמְּלָאכָה אֲשֶׁר אָמַרְתָּ לִי וּמַה אֶעֱשֶׂה
עוֹד · 5 מַדּוּעַ כִּבִּיתָ אֶת הַנֵּר , מַה נִּרְאֶה בַּחֹשֶׁךְ ·
6 לָמָּה רִמִּיתֶם אוֹתָנוּ לֵאמֹר מֵאֶרֶץ רְחוֹקָה אֲנַחְנוּ
הֲלֹא בְּקֶרֶב הָאָרֶץ אַתֶּם יֹשְׁבִים ·
7 קַוֵּה לַיְיָ כִּי לֹא יַעֲזֹב כָּל־בֹּטֵחַ בּוֹ · 8 צַו אֶת
הָעָם וְיִסְּעוּ לַעֲבֹר אֶת הַיַּרְדֵּן לָלֶכֶת אַרְצָה כְּנַעַן ·
9 פַּנֵּי אֶת הַחֶדֶר כִּי הַנָּשִׂיא יִשְׁכַּב בּוֹ הַלַּיְלָה ·
10 כַּבּוּ אֶת הָאֵשׁ פֶּן תִּהְיֶה לִשְׂרֵפָה ·
11 אָנֹכִי אֲצַוֶּה אוֹתוֹ לַעֲשׂוֹת כְּכֹל אֲשֶׁר תַּחְפֹּץ ·
12 נְקַוֶּה לֵאלֹהִים וִיהִי לָנוּ לִישׁוּעָה · 13 אַל תְּדַכֵּה
אֶת הַמֶּלַח בַּמְּדֹכָה הַזֹּאת · 14 אַל תְּעַנִּי עֶבֶד
וְשִׁפְחָה · 15 אֶת הַקְּרָשִׁים תְּצַפּוּ זָהָב וְאֶת הָאֲדָנִים
נְחֹשֶׁת · 16 אֱהַב אֶת הַחָכְמָה כִּי הִיא תְּרַוֶּה אוֹתְךָ

כָּל־טוּב · 17 הַמְכַסֶּה אֲנִי מִמֶּנּוּ אֵת אֲשֶׁר אָנֹכִי
עֹשֶׂה לָהֶם · 18 רָאִיתִי אוֹתָהּ מְמַנָּה לָהֶם וּמָזוֹן
לָעֲבָדִים אֲשֶׁר בַּשָּׂדֶה · 19 מַה אַתֶּם מְפַתִּים אוֹתָנוּ
לַעֲלוֹת הֲלֹא אָמַרְנוּ לָכֶם כִּי לֹא נַעֲלֶה ·

20 וַיְהִי בְּכַסּוֹת נֹחַ אֶת הַתֵּבָה וַיַּשְׁקֵף עַל פְּנֵי הַשָּׂדֶה
וְהִנֵּה גָּבְרוּ הַמַּיִם מְאֹד מְאֹד עַד אֲשֶׁר לֹא נִרְאוּ עוֹד
הֶהָרִים הַגְּבֹהִים · 21 וְהוּא אָסַף הַבַּיְתָה מִכָּל־מַאֲכָל
אֲשֶׁר יֵאָכֵל לְחַיּוֹת בּוֹ כָּל־עוֹף וְכָל חַיָּה ·

N° 21. — T. XI.

1 הַבֹּקֶר הָיָה וְרוּחַ הַקָּדִים נָשָׂא אֶת הָאַרְבֶּה כָּבֵד
מְאֹד עַד אֲשֶׁר כִּסְּתָה מִמֶּנּוּ כָּל־הָאָרֶץ · 2 קַח אֶת
הַתַּפּוּחִים אֲשֶׁר מִנּוּ וְהַשְׁלֵךְ אוֹתָם אֶל הַתַּנּוּר לְמַעַן
יִבְשׁוּ עַד הָעֶרֶב · 3 כָּלִיתָ בְּרָעָב וּבְחֹסֶר כֹּל לוּלֵי
אָנֹכִי הוֹצֵאתִי אוֹתְךָ מִשָּׁם · 4 רְמִינוּ מֵהֶם כִּי
כְּנַעֲנִים הֵמָּה ·

5 שָׁכַחְתָּ לַעֲשׂוֹת הַמִּצְוָה לָךְ · 6 הַקְּעָרָה הַמְחֻפָּה
בְּכֶסֶף מְכַרְנוּ ·

7 לֹא יֵרָצֶה רָשָׁע לִפְנֵי אִישׁ יָשָׁר כָּמוֹהוּ · 8 חֲזַק
וֶאֱמָץ , וְלֹא תֵּרָכֶה מִפְּנֵי אִישׁ · 9 הִנֵּה אֶשְׁלַח
בְּרָכָה בְּכָל־אֲשֶׁר תַּעֲשׂוּ יַיִן וְדָגָן תִּרְווּ וְחָלָב חִטִּים
תִּשְׂבָּעוּ · 10 וַיֹּאמֶר ה' אֶל נֹחַ עֲשֵׂה לְךָ תֵּבָה כִּי
הִנֵּה אַמְטִיר אַרְבָּעִים יוֹם עַל הָאָרֶץ עַד אֲשֶׁר יְכֻסּוּ
כָּל הֶהָרִים הַגְּבֹהִים אֲשֶׁר תַּחַת כָּל־הַשָּׁמַיִם ·

N° 22. — T. XI.

1 נָהָר יָצָא מֵעֵדֶן וְהִשְׁקָה אֶת הַגָּן · 2 יְיָ הֶרְאֵתָה
לִי אֶת הַיֶּלֶד · 2 וַיְהִי כַּאֲשֶׁר הִתְעוּ אוֹתִי הָאֱלֹהִים
הֶאֱלִיתִי אוֹתָהּ לְבִלְתִּי הַגִּיד לָאִישׁ אֶת אֲשֶׁר הִיא לִי ·
3 לָמָּה זֶה עָשִׂיתָ לָּנוּ כָּכָה וַאֲנַחְנוּ לֹא הֶחֱלֵינוּ אוֹתְךָ
מֵאָז אֲשֶׁר הָיִיתָ בַּבַּיִת עַד הַיּוֹם הַזֶּה · 4 עַל מֶה
הִבְכֵּיתָ אֶת־הַיֶּלֶד ?

5 הֶעֱלָה אֶת הַנַּעַר וְהֵינִיק אוֹתוֹ דְּבַשׁ לְשָׂבְעָה ·

6 הַרְבִּי לָךְ כֵּלִים כִּי שֶׁמֶן רַב שָׁלַח לָנוּ · 7 הַבְרוּ
אוֹתִי מִן הָאֹכֶל הַזֶּה · 8 הַרְאֶינָה אֶת הַבְּצָלִים אֲשֶׁר
קְנִיתֶן ·

9 קְנֵה נָא סוּס זֶה וְאִם אֵין לְךָ כֶּסֶף הִנֵּה אָנֹכִי אַלְוֶה
לְךָ · 10 אֲנַחְנוּ נַרְאֶה לְךָ אֶת הַדֶּרֶךְ אֲשֶׁר תֵּלֵךְ ·
11 אַל תַּרְבֶּה לְדַבֵּר עוֹד לִי מִדָּבָר הַזֶּה · 12 אַתְּ
תַּטְוִי אֶת הַצֶּמֶר וְהִיא תַּעֲלֶה לָּךְ הַפִּשְׁתִּים אֲשֶׁר
עָרַכְנוּ פֹה · 13 הֲלֹא אָמַרְתִּי לְךָ, כִּי אַתְּ וְרֵ״ תֶּחֱצוּ
אֶת־הַשָּׂדֶה · 14 לֹא יַרְפֶּה ה׳ כָּל בֹּטֵחַ בּוֹ ·
15 שְׁמַעְנָה לִי וְאַל תְּגָרֶינָה עוֹד רִיב וּמָדוֹן ·
16 מַלְוֶה כֶּסֶף לְעָנִי אִישׁ חָסִיד · 17 כָּל־אֵם מְחַסְּרָה
עַל הַבָּנִים · 18 הֵם לֹקְחִים הַכֹּל וַאֲנַחְנוּ מַחֲשִׁים ·
19 וְהַנָּשִׁים מַכְרוֹת לָנוּ לֶחֶם וָיַיִן ·
20 מַדּוּעַ שְׁכַחְתֶּם לְהַשְׁקוֹת אֶת הַצֹּאן · 21 הַשְׁקֵף
מִן הַשָּׁמַיִם ה׳ וּרְאֵה אֶת הַלַּחַץ אֲשֶׁר הֵם לֹחֲצִים
אוֹתָנוּ , מַהֵר לְהוֹשִׁיעַ לָמָּה נִהְיֶה כְּשֶׂה אֹבֵד אֲשֶׁר
אֵין לוֹ רֹעֶה , זְכֹר אֵת אֲשֶׁר נִשְׁבַּעְתָּ לְאַ״ לְהַרְבּוֹת

אוֹתָנוּ כְּכוֹכְבֵי הַשָּׁמַיִם וְעַתָּה נִשְׁאַרְנוּ מְעַט מֵהַרְבֵּה ·

N° 23. — T. XI.

1 וְעָשִׂיתָ תַּבְנִית כָּל־דָּבָר כַּאֲשֶׁר הָרְאֵיתָ בָּהָר ·

2 הוּא הָיָה אֶחָד מִן הַגֹּלִים אֲשֶׁר הָגְלוּ בָּבֶלָה ·

3 וַיֹּאמֶר יְ״ לְכָל־הָעֹמְדִים שָׁם הוֹצִיאוּ אוֹתִי מִן
הַמַּעֲרָכָה כִּי הָחֳלֵיתִי ·

N° 24. — T. XI.

1 וַיְהִי כִּרְאוֹת אֶת הָעֲגָלוֹת וַתְּחִי רוּחַ יַעֲקֹב · 2 מִן
הָאָרֶץ הַהִיא יָצָא אַשּׁוּר וַיִּבֶן אֶת נִינְוֵה הָעִיר
הַגְּדוֹלָה · 3 וַנִּחַדְּ עַל הַטּוֹב אֲשֶׁר עָשָׂה לָנוּ · 4 ה״
הַמְטִיר אַרְבָּעִים יוֹם וְהַמַּיִם הָיוּ לְמַבּוּל וַיִּמַח הַמַּבּוּל
אֶת כָּל־הַיְקוּם מֵעַל הָאָרֶץ · 5 וַיַּרְא שַׂר הָאֹפִים כִּי
טוֹב פָּתָר וַיַּגֵּד גַּם הוּא הַחֲלוֹם אֲשֶׁר הָיָה לוֹ לֵאמֹר ׃
בַּחֲלוֹם נִרְאוּ לִי כִּשְׁלֹשָׁה סַלִּים אֲשֶׁר מִלֵּאתִי בְּכָל
מַעֲשֵׂה אֹפֶה וָאֹפֶן וָאֵרֶא וְהִנֵּה הָעוֹף אֹכֵל אוֹתוֹ מִן
הַסַּל הָעֶלְיוֹן · 6 וַיֵּרָא ה״ אֶל בּ׳ וַיֹּאמֶר ׃ מִי

הָאֲנָשִׁים הָאֵלֶּה וַיַּעַן בּ״ בָּ״ מֶלֶךְ מ״ שָׁלַח אוֹתָם
לֵאמֹר לִי הִנֵּה עָם יָצָא מִמּ״ וַיְכַס אֶת הָאָרֶץ · etc.
7 מַה הַקֶּצֶף אֲשֶׁר קָצַפְתָּ הֲלֹא אַתָּה הָאֹמֵר לִי אַל
תַּעֲבֹרִי מִזֶּה וָאַעַשׂ כַּאֲשֶׁר צִוִּיתָ לִי · 8 וַיֵּצֵא יוֹסֵף
וַיִּלָּחֶם בְּכ״ וַיִּשְׁבְּ מִמֶּנּוּ שֶׁבִי · 9 וַיִּטַּע נֹחַ כֶּרֶם וַיֵּשְׁתְּ
מִן הַיַּיִן אֲשֶׁר נָטַע וַיִּשְׁכָּר · 10 וַתִּטְוּ הַצֶּמֶר וַתַּעַשׂ
הַפָּרֹכֶת כַּאֲשֶׁר צִוָּה · 11 וַיֶּרֶב שׁ״ כֶּסֶף וְסוּסִים עַד
אֵין מִסְפָּר · 12 וַתַּעַל רָ״ אֶת הַמְרַגְּלִים עַל הַגָּג
וַתִּטְמֹן אוֹתָם שָׁם · 13 וַתֵּרֶד אֶל הַבְּאֵר לִשְׁאֹב מַיִם
וַתַּשְׁקְ אֶת הַסּוּסִים וְאֶת הַחֲמֹרִים אֲשֶׁר לָנוּ · 14 וַיְהִי
בְּמָצְאוֹ אוֹתוֹ יַעֲ״ תֹּעֶה בַּשָּׂדֶה וַיִּחַר בּוֹ לֵאמֹר : מַדּוּעַ
עָזַבְתָּ אֶת הַצֹּאן וַתֵּלֶךְ אַחַר הַהֶבֶל · 15 וַיְצַו אֶל
הָעָם לֵאמֹר : אִישׁ מִכֶּם אַל יֵרָא בְּכָל־הָהָר בְּרֶדֶת
ה״ לְדַבֵּר לִי · 16 וַנְּהִי שָׁם שְׁלֹשָׁה חֳדָשִׁים וַנְּכַל
הַמְּלָאכָה אֲשֶׁר הָיְתָה לוֹ לַעֲשׂוֹת · 17 וַיֵּרֶד רָ״ עַל
הָעָם בְּשֵׁבֶט בַּרְזֶל · 18 וַיִּפֹּל יוֹסֵף עַל צַוְּארֵי בּ״
וַיֵּבְךְּ מְאֹד מְאֹד ·

Nº 25. — T. XII.

1 לֹא קָם כְּמֹשֶׁה עוֹד נָבִיא בְּיִשְׂ׳ אֲשֶׁר הוֹבִישׁ אֶת
הַיָּם וְנָחָה אוֹתָנוּ בַּמִּדְבָּר אַרְבָּעִים שָׁנָה · 2 יְ״י אָצָה
לַעֲבֹר אֶת הַנָּהָר וְהָרֹדְפִים לֹא הִשִּׂיגוּ אוֹתָהּ · 3 לֵךְ
רֵד כִּי שִׁחֵת הָעָם סָרוּ מַהֵר מִן הַדֶּרֶךְ אֲשֶׁר צִוִּיתִי ·
4 אִם לַשְׁתְּ אֶת הַבָּצֵק אֲפֵה מִמֶּנּוּ עֻגוֹת · 5 עִם״לֵ·
גַּרְתֶּם עַד הַיּוֹם הַזֶּה וְאֵיךְ יְדַעְתֶּם אֵת אֲשֶׁר עָשִׂינוּ
פֹּה · 6 וַתֹּאמֶר רִבְקָה אֶל יִצְחָק נְשַׁלַּח נָא אֶת יַעֲ׳
חָרָנָה לָקַחַת לוֹ אִשָּׁה מִשָּׁם כִּי קַצְתִּי בִּבְנוֹת חֵת ·
7 לֹא מַשְׁנוּ מִפֹּה זֶה יוֹמַיִם כִּי יָרַדְנוּ לִרְאוֹת אִם
יֶחְסְרוּ הַמַּיִם ·

8 הַלֶּחֶם הַזָּן אֶת הָאָדָם וְהָעֵשֶׂב הַצֹּמֵחַ לְכֹל חַיַּת
הַשָּׂדֶה מֵאֵת אֱלֹקִים הֵם · 9 הִנֵּה חָלָה מִפְּנֵי הַקֶּצֶף
אֲשֶׁר קָצַפְתְּ · 10 וְהֵם דָּנִים כָּל־אִישׁ אֲשֶׁר לוֹ רִיב
מֵהַבֹּקֶר עַד הָעֶרֶב · 11 הַנָּשִׁים חָסוּ עַל הַיְלָדִים
לְבִלְתִּי קְרוֹת לָהֶם אָסוֹן בַּדֶּרֶךְ ·
12 לִפְנֵי הָאָרוֹן חוֹלִי אָרֶץ · 13 קוּמוּ וְנֵלֵךְ לְבַקֵּשׁ

DOUZIÈME TABLEAU.

Première conjugaison des verbes monosyllabes. ACTIF, שׁוּב INF.

I	F. 2 M.	F. 3 M.	I.	F. 2 M.	F. 3 M.	
שַׁבְנוּ	שַׁבְתֶּם, ־תֶּן	שָׁבוּ	שַׁבְתִּי	שַׁבְתָּ, שַׁבְתְּ	שָׁב, שָׁבָה	PARF.
נָשׁוּב	״שׁוּבוּ, ״שׁוּבְנָה	יָשׁוּבוּ, תָּשׁוּבְנָה	אָשׁוּב *	״שׁוּב, ״שׁוּבִי	[אָ־ תָ־ יָ־ נָ־]	IMP. et FUTUR.
* יָשׁוּב | וַיָּשָׁב ; וַיָּסַר			←	שׁוּב, שׁוּבָה	שָׁב, ־ָה, ־ִים, ־וֹת	PARTIC.

Deuxième conjug. des verbes monosyllab. PASSIF, הִשּׁוֹב INF.

נְשׁוּבוֹנוּ		נָשׁוֹבוּ	נְשׁוּבוֹתִי		נָשׁוֹב, נָשׁוֹבָה	PARF.
	״הִשּׁוֹבוּ, ־נָה	יִשּׁוֹבוּ, תִּ־בְנָה		״הִשּׁוֹב, ״הִשּׁוֹבִי	יִשּׁוֹב *	IMP. et. FUTUR.
* וַיָּשָׁב ** נְבוּכִים					נָשׁוֹב, נְשׁוֹבָה**	PART

Troisième et quatrième conj. des verbes monosyllab. A. et P. fréq., שׁוֹבֵב INF.

שׁוֹבַבְנוּ		שׁוֹבְבוּ		שׁוֹבַבְתָּ, ־תְּ	שׁוֹבֵב, שׁוֹבְבָה	PARF.
נְשׁוֹבֵב	שׁוֹבְבוּ, ־בֵבְנָה	[יְ־ תְּ־]	אֲשׁוֹבֵב	״שׁוֹבֵב, שׁוֹבְבִי	[יְ־, תְּ־]	IPM et FUTUR
				מְשׁוֹבָב, ־בָבָה (P.)	מְשׁוֹבֵב, ־בְבָה (a.)	PAR.

Cinquième conjugaison des verbes monosyllab. ACTIF causat. * הָשֵׁב INF.

הֲשַׁבְנוּ, הֲשִׁיבוֹנוּ	הֲשִׁיבוֹתֶם, ־תֶן	הֵשִׁיבוּ	הֲשִׁיבוֹתִי	הֲשַׁבְתָּ, הֲשִׁיבוֹתָ	הֵשִׁיב, הֵשִׁיבָה	PARF.
נָשִׁיב	״הָשִׁיבוּ ״הֲשִׁיבֶנָּה	יָשִׁיבוּ, תְּשִׁיבֶנָּה	אָשִׁיב	״הָשֵׁב, ״הָשִׁיבִי	יָשִׁיב	IMP.et FUTUR.
* הָשִׁיב	** וַיָּשֶׁב ***	תְּשִׁיבֶנָה ⁰ וַיָּסַר			מֵשִׁיב, מְשִׁיבָה	PART.

Sixième conjugaison abrégée. P. causat.

			PART.	FUTUR.	PARF.
מוּשָׁבוֹת	מוּשָׁבִים	מוּשֶׁבֶת	מוּשָׁב, מוּשָׁבָה	יוּשַׁב, יוּשְׁבוּ	הוּשַׁב, הוּשַׁבְתִּי

אוֹתָם אוּלַי נִמְצָא אוֹתָם · 14 אוֹצְנָה נָשִׁים לְהוֹרִיד
לָהֶם בָּשָׂר וָיַיִן לְהַבְרוֹת אֶת יְעֵפֵי הַדֶּרֶךְ ·
15 אָחוּדָ נָא לָכֶם חִידָה אִם תַּגִּידוּ אוֹתָהּ לִי שְׁלֹשִׁים
כֶּסֶף לָכֶם יִהְיוּ · 16 נָנוּס פֶּן נִפֹּל בְּחֶרֶב הָרֹדְפִים ·
17 אֶל הָאִשָּׁה אָמַר אַתְּ תְּשׁוּפִי רֹאשׁ הַנָּחָשׁ וְהוּא
יָשׁוּף עֲקֵב הָאָדָם · 18 וּבַיּוֹם הַשְּׁבִיעִי שַׁבָּת לֹא
תַעֲשֶׂה בוֹ כָל־מְלָאכָה אַתָּה וְהָעֶבֶד וְהָאָמָה אֲשֶׁר
לְךָ לְמַעַן יָנוּחוּ כָּמוֹךָ ·
19 בְּרֶדֶת גִּ״ לָדוּשׁ אֶת הַחִטִּים בַּמְּעָרָה נִרְאָה לוֹ
מַלְאָךְ · 20 כַּלִּי מְלוּשׁ וּלְכִי וְאֱפִי אֶת הַסֹּלֶת ·

N° 26. — T. XII.

1 כָּל אֵלֶּה גִּבּוֹרִים אִישׁ מֵהֶם לֹא נָסוֹג אָחוֹר בְּיוֹם
קְרָב · 2 רְ״ נְשׁוּפָה מִנָּחָשׁ וְחַיָּתָהּ · 3 נָפַל פַּחַד יִשְׂ״
עַל כָּל־גּוֹיֵי הָאָרֶץ נָמֹגוּ כֹּל הַיּוֹשְׁבִים בָּהּ · 4 שְׁאַל
אֶת הָעֲבָדִים אִם נָדוֹשׁוּ הַחִטִּים אֲשֶׁר בַּגֹּרֶן · 5 זִכְרוּ

נָא אֵת אֲשֶׁר נְפוֹצוֹתֶם עַל כָּל־פְּנֵי הָאֲדָמָה עַל אֲשֶׁר
חֲטָאתֶם לַה׳ ·
6 רָאִיתִי כָל־הַצָּבָא נָפוֹץ עַל הֶהָרִים · 7 הֵם יָשְׁבוּ
לִשְׁתּוֹת וְהָעִיר שׁוֹ׳ נְבוֹכָה · 8 הֵם חָשְׁבוּ בָּנוּ מֵרְדֹּף
הַנְּפוֹצִים וְהַפְּלִיטִים ·
9 הִשָּׁמֵר לְךָ פֶּן תִּשּׁוֹף מִנָּחָשׁ וְתָמוּת · 10 נִבְהַלְתִּי
כְּאִישׁ אֲשֶׁר יֵעוֹר פִּתְאוֹם מִן הַשֵּׁנָה · 11 יָנוּעַ כְּחֶבֶל
הָאֳנִיָּה · 12 הָאֳנִיּוֹת לֹא יָשׁוּטוּ הַיּוֹם כִּי סַעַר גָּדוֹל
עַל הַיָּם וְהַמַּלָּחִים יְגֵעִים ·

N° 27. — T. XII.

1 וַיִּרְאוּ הָאֲנָשִׁים כִּי בוֹשֵׁשׁ ר׳ וַיֵּלְכוּ לִשְׁאֹל לָדַעַת
עַל מַה זֹּאת וּמֶה הָיָה לוֹ · 2 הָאֳנִיָּה מְהָרְרָה לָשׁוּב
כִּי רוּחַ חֲזָקָה נוֹסְסָה בּוֹ · 3 מֶה עָשָׂה לְךָ כִּי מוֹתַתְּ
אוֹתוֹ כְּנָבָל בְּמִרְמָה ? 4 הֲקוֹמַמְתֶּם אֶת הַמַּצֵּבוֹת ?
5 קוֹמֵם ה׳ כִּסֵּא ר׳ כְּבָרִאשׁוֹנָה · 6 חוֹלְלִי בַּת
צִידוֹן מִפְּנֵי אַשּׁוּר כִּי גָדוֹל וְנוֹרָא הוּא · 7 וְאַתֶּם אַל

תִּירְאוּ אוֹתָם כִּי הִנֵּה אָנֹכִי אֲמוֹגֵג כָּל־יוֹשְׁבֵי הָאָרֶץ ·
8 קוֹל ה׳ יְחוֹלֵל אַיָּלוֹת וַיֶּחֱשֹׂף יְעָרוֹת · 9 צְדָקָה
תְּרוֹמֵם גּוֹי וְחֶסֶד לְאֻמִּים חַטָּאת · 10 אַל נָא תְּעוֹרְרוּ
אוֹתָהּ כִּי יְגֵעָה הִיא ·
11 קוֹל ה׳ כְּקוֹל הַסְּעָרָה הַמְפוֹצְצָה אֶת הַסֶּלַע ·

N° 28 — T. XII.

1 הֵבִישׁ אוֹתִי נֶגֶד כָּל־הָעוֹמְדִים שָׁם · 2 וַיְהִי בְּהַמְטִיר
ה׳ עַל סְדֹם גָּפְרִית וָאֵשׁ הֵאִיצָה בּוֹ לֵאמֹר קוּם
וְנַעֲלֶה מִן הַמָּקוֹם הַזֶּה פֶּן נִסָּפֶה בַּעֲוֹן הָעִיר ·
3 הֶעָבִים כִּסּוּ פְּנֵי הַיָּרֵחַ וַאֲפֵלָה הָיְתָה עַל כָּל־הָאָרֶץ
רַק הַבְּרָקִים הֵאִירוּ חֹשֶׁךְ הַלַּיְלָה · 4 הַמַּלָּחִים סִפְּרוּ
לָנוּ לֵאמֹר : ה׳ הֵטִיל עַל הַיָּם רוּחַ גְּדוֹלָה וַחֲזָקָה
וַיִּסְעַר הַיָּם וְהָאֳנִיָּה חִשְּׁבָה לְהִשָּׁבֵר אָז הֵטַלְנוּ אוֹתוֹ
אֶל הַמַּיִם וַיַּעַמְדוּ מִזַּעְפּוֹ · 5 הַהֲכִינוֹתָ אֶת הָאֲנָשִׁים
אֲשֶׁר יִשְׂאוּ אֶת הָאֲבָנִים מִפֹּה · 6 הֲלַטְתִּי אֶת הַחֶרֶב
בְּשִׂמְלָה לְמַעַן לֹא יִמָּצֵא · 7 הֲלִיצוֹתֶם בְּעַד ה׳ כֹּל

הַיּוֹם וְלֹא אָבִיתִי לִשְׁמֹעַ לָכֶם כִּי יָדַעְתִּי אוֹתוֹ וְאֶת
הָרַע אֲשֶׁר עָשָׂה ·

8 הוּא מֵמִית וּמְחַיֶּה מוֹרִיד שְׁאוֹלָה וּמַעֲלֶה ·

9 הַרְאִיתָ אוֹתָהּ מְנִדָּה רֹאשׁ עַל דִּבְרֵי יְיָ כִּי לֹא
הֶאֱמִינָה לוֹ ·

10 לֵךְ הָסֵת אֶת גּוֹי לְהִלָּחֵם בָּם · 11 הָעִידִי נָא בִּי
אַתְּ אִם עָשִׂיתִי לָךְ רָעָה כָּל־הָעֵת אֲשֶׁר הָיִית פֹּה ·

12 הָעִיזוּ הַבָּקָר וְהַצֹּאן אֲשֶׁר בַּשָּׂדֶה טֶרֶם יִבְרַד ·

13 אֶת הַשְּׂעֹרִים תִּקַּח וְתָנִיעַ אוֹתָם בִּכְבָרָה וּלְךָ
תַגִּיד אֲשֶׁר לֹא יִמְכֹּר אֶת הַסּוּס וְלֹא יָמִיר אוֹתוֹ כִּי
נִחַמְתִּי עַל אֲשֶׁר דִּבַּרְתִּי לוֹ · 14 אִם תָּנִיפוּ חֶרְמֵשׁ
בַּקָּמָה אַל תִּשְׁכְּחוּ אֶת הַיָּתוֹם וְהָאַלְמָנָה וְלִקְטוּ לָהֶם
שִׁבֳּלִים וְלֹא תְכַלִּימוּ אוֹתָם · 15 מָחָר נַשְׁכִּים לַכְּרָמִים
וְנִרְאֶה אִם פָּרְחָה הַגֶּפֶן וְאִם יָנִיצוּ הָרִמֹּנִים ·

16 מָלֵאתִי חֵמָה נִלְאֵיתִי הָכִיל עַל כָּל־הַתּוֹעֵבוֹת
אֲשֶׁר עָשׂוּ · 17 לֹא אוֹסִיף עוֹד לְהָנִיעַ אֶתְכֶם כַּאֲשֶׁר
עָשִׂיתִי ·

TREIZIÈME TABLEAU.

Première conjugaison des verbes doublelettres. ACTIF, סָבַב · סֹב INF.

I.	F. 2 M.	F. 3 M.	I.	F. 2. M.	F. 3. M.	
סַבֹּנוּ	סַבֹּתֶם, ־תֶן	סַבּוּ *		סַבּוֹתָ, ־תְ	סַב „ סַבָּה	PARF.
	״סֹבּוּ ״ סֻבֶּינָה	יָסֹבּוּ, תְּסֻבֶּינָה	אָסֹב	״סֹב**,״סֹבִּי	[יָ־ תָ־]	IMP. et FUTUR.
Aoriste. וַיָּסָב * רֹבּוּ ** דָּנִי ** סַב					סַב, סַבָּה, ־בִּים	PART.

Deuxième conjugaison des verbes doublelettres PASSIF, הִסֹּב INF.

נְסַבֹּנוּ		נָסַבּוּ**	נְסַבּוֹתִי ׳	נְסַבּוֹתָ, ־תְ	נָסַב*, נָסַבָּה	PARF.
	״הִסַּבּוּ,״הִסַּבֶּנָה	יִסַּבּוּ, תִּסַּבֶּנָה		״הִסַּב, הִסַּבִּי	יִסַּב,°° תִּסַּב	IMP. et FUTUR.
Aoriste. וַיִּסַּב ° הִמֵּס ** נָגֹלוּ * נָמֵס °° יִסַּב					נָסַב, נְסַבָּה, ־יִם	PART.

Troisième et quatrième conjugaison des verbes doublelettres. A. et P. fréq. סוֹבֵב INF.

סוֹבַבְנוּ		סוֹבְבוּ	סוֹבַבְתִּי		סוֹבֵב „ ־סוֹבְבָה	PARF.
מְסוֹבֵב, ־בָבָה, ־יִם	Participe.	Aor. וַיְסוֹבֵב		״סוֹבֵב, ־בְבִי, ־בוּ	יְסוֹבֵב, תְּסוֹבֵב	IMP. et FUTUR.

Cinquième conjugaison des verbes doublelettres. ACTIF. causat. הָסֵב. INF.

הֲסִבֹּנוּ		הֵסֵבּוּ**	הֲסִבּוֹתִי		הֵסֵב**, ־בָּה**	PARF.
Aoriste. וַיָּסֶב תָּצֵר° הֵסֵב ״הָסֵב	הָסֵבּוּ, ״הֲסִבֶּינָה	יָסֵבּוּ, תְּסִבֶּינָה	מֵסֵב, מְסִבָּה, ־יִם	״הָסֵב, הָסֵבִּי	יָסֵב, •	IMP et FUTUR. PART.

Sixième conjugaison des verbes doublelettres. PASSIF. causate הוּסַב INF.

			״הוּסַבּוֹתִי		הוּסַב, הוּסַבָּה	PARF.
נוּסַב		יוּסַבּוּ, תּוּסַבֶּינָה	Futur.		מוּסָב, מוּסַבָּה	PART.

No 29. — T. XII.

1 יְגַעְנוּ וְלֹא הוּנַח לָנוּ · 2 כָּל־הַפְּסִילִים אֲשֶׁר עֻבְּדוּ
הוּסְרוּ אוֹ נִשְׂרְפוּ בָאֵשׁ · 3 הָאֳנִיָּה טָבְעָה וַאֲנַחְנוּ
הוּטַלְנוּ עַל חוֹף הַיָּם נוֹכַח בַּעַל פְּעוֹר ·
4 דַּבֵּר אֶל יִשׂ׳ לֵאמֹר : זֶה לָכֶם חֹק הַכֹּהֲנִים כָּל־
אֲשֶׁר יוּרַם וַאֲשֶׁר יוּנַף לָהֶם יִהְיֶה · 5 לֹא יוּמְתוּ
אָבוֹת עַל בָּנִים וְלֹא אָח בַּעֲוֹן אָח · 6 הָעֵגֶל מוּכַן
קַח וַעֲשֵׂה אוֹתוֹ · 7 רְאֵה עֵינֵי יִשְׂ׳ מוּמְתִים כָּל יוֹם
עַל כְּלִי אֲבוֹת עֲבוּר עַל הַתּוֹרָה אֲשֶׁר צֻוֵּיתָ ·
8 וַיְהִי בָּעֵת הַהִיא וַיָּקָם יַעֲ׳ וַיֵּלֶךְ חָרָנָה וַיָּקֶם שָׁם
בְּרִית עִם יְיָ ·

No 30. — T. XIII.

1 תַּם הַכֶּסֶף וְלֹא נִשְׁאַר לָנוּ כִּי אִם הַמִּקְנֶה הַדַּל
הַזֶּה · 2 וַיְשַׁלַּח נֹחַ אֶת הַיּוֹנָה לִרְאוֹת הֲקַלּוּ הַמַּיִם ·
3 הִנֵּה אָבִיא רָעָה עַל כָּל־הַמַּכְעִיסִים אוֹתִי וּבִקּוֹתִי
אוֹתָם מִן הָאָרֶץ וַאֲפִיץ אוֹתָם בֵּין הַגּוֹיִם · 4 עָשִׂינוּ

כְּכֹל אֲשֶׁר צִוִּיתָ חִיִּינוּ אֶת הַנֶּפֶשׁ רַק הַצֹּאן וְהַבָּקָר
בַּזּוֹנוּ לָנוּ 5 לֵךְ אֶל הַצֹּאן וּבָרוֹתָ מֵהֶם שְׁנֵי שְׂעִירִים
וְהָבֵא לִי · 6 הוֹחִילוּ עַד הֵאָסֵף הָרֹעִים וְגִלֹּתֶם אֶת
הָאֶבֶן מֵעַל פִּי הַבְּאֵר לְהַשְׁקוֹת אֶת הַמִּקְנֶה אַחַר
תְּשׁוּבוּ לִרְעוֹת ·

7 גֹּזּוּ אֶת הַצֹּאן אֲשֶׁר לִי פֹּה הַיּוֹם · 8 דָּמִינָה כְּאֶבֶן
בְּנוֹת צִיּוֹן עַל שֶׁבֶר בַּת יְרוּשָׁלַיִם ·

9 וַיָּקֶם ה׳ בְּרִית עִם נֹחַ לֵאמֹר ׃ לֹא אָאֹר עוֹד אֶת
הָאֲדָמָה בַּעֲבֹר הָאָדָם · 10 לְכוּ וְנֵרֵד וְנָבֹל שְׂפַת
הָעָם אֲשֶׁר לֹא יֵדְעוּ בֵּין יָמִין לִשְׂמֹאל · 11 אַל תָּגֹדּוּ
עַל מֵת 12 וַיְהִי כַּאֲשֶׁר הָרְגוּ כָּל־זָכָר בָּעִיר וַיָּשׁוּבוּ
וַיָּבֹזּוּ אֶת הַחֲלָלִים · 13 חַג הַסֻּכּוֹת יָחֹגּוּ לִי שִׁבְעַת
יָמִים מִקְרָא קֹדֶשׁ יִהְיֶה לָכֶם · 14 וְחָרְבוּ הֶהָרִים
וְהָעֲרָבוֹת הֲשִׁמֶּנָה מֵאֵין יֹצֵא וָבָא ·

15 הֱיֵה קַל כַּנֶּשֶׁר לַעֲשׂוֹת אֶת אֲשֶׁר אֲצַוֶּה אוֹתְךָ ·
16 הֲרָאִיתָ אוֹתָהּ גַּלָּה אֶת הָאֶבֶן הַגְּדוֹלָה מֵעַל פִּי
הַבְּאֵר · 17 וַיִּחַר אַף בָּלָק בְּבִלְעָם לֵאמֹר לָקֹב

קְרָאתִי אוֹתְךָ וְהִנֵּה בֵּרַכְתָּ אוֹתָם זֶה שָׁלֹשׁ פְּעָמִים ·

N° 31. — T. XIII.

1 נָבֹקָה הָאָרֶץ מִכֹּל הַיֹּשְׁבִים בָּהּ · 2 נָבֹזּוּ אַרְמְנוֹת
הָאֹצְרִים חָמָס וָשֹׁד · 3 נְדַלּוּתָ יְהוּדָה כִּי יַד ה׳ נָגַע
בָּךְ · 4 עוֹד מְעַט מַתְנוּ בָּרָעָב וּנְשַׁמּוֹנוּ בַּצָּמָא ·
5 הַשְׁלֵךְ אֶת הַמַּפּוּחַ הַנָּחַר · 6 נָשַׁמָּה הָאָרֶץ מִבְּלִי
יוֹשֵׁב · 7 הַנִקְלוֹת לָכֶם בְּנוֹת חֶבְרוֹן כִּי הָלְכוּ לָקַחַת
נָשִׁים מֵאֶרֶץ נָכְרִיָּה ·

8 וְהַשָּׁמַיִם כְּסֵפֶר יִגֹּלּוּ וְיִמַּקּוּ כָּל־צְבָא הַשָּׁמַיִם ;

9 חֲזַק וֶאֱמַץ אַל תִּירָא וְאַל תֵּחַת מִפְּנֵי אִישׁ כִּי אָנֹכִי
מָגֵן לָךְ · 10 בַּמֶּה אִכַּף לֵאלֹהִים הַיִּרְצֶה בְּאַלְפַּיִם
אוֹ בַּעֲגָלִים בְּנֵי שָׁנָה ?

11 הֶשַּׁח נָא מְעַט עַד אֲשֶׁר יַעֲבֹר פֶּן יִרְאֶה אוֹתָנוּ
וְנִהְיֶה לָבֵז · 12 הֵרֹמּוּ מִתּוֹךְ הָעֵדָה הַזֹּאת פֶּן תִּסָּפוּ
גַּם אַתֶּם כְּמוֹהֶם ·

13 נָמֵס לֵב רְ׳ כְּהִמֹּס דּוֹנַג מִפְּנֵי אֵשׁ ·

N° 32. — T. XIII.

1 הַנְּעָרִים קֹשְׁשׁוּ עֵצִים וְהִיא לָשָׁה אֶת הַבָּצֵק וַאֲנַחְנוּ
בִּעַרְנוּ אֶת הָאֵשׁ · 2 וַיֹּאמֶר שְׁ״ אֶל הָעָם עֲנוּ בִי
אַתֶּם אֶת מִי עָשַׁקְתִּי וְאֶת מִי רִצַּצְתִּי וּמִיַּד מִי לָקַחְתִּי
כֹּפֶר וְאָשִׁיב לָכֶם · 3 רְאֵה נָא וְהַבֵּט לְמִי עוֹלַלְתָּ כֹּה
שָׁכְבוּ לָאָרֶץ בַּחוּצוֹת נַעַר וְזָקֵן בְּתוּלוֹת וּבַחוּרִים
נָפְלוּ בְּחֶרֶב טָבַחְתָּ וְלֹא חָמַלְתָּ ·
4 מְצָאנוּ אוֹתוֹ מְקֹשֵׁשׁ עֵצִים בַּיַּעַר · 5 נָשִׁים
מְתוֹפְפוֹת קָרוּ לִי בַּדֶּרֶךְ הֵנָּה סִפְּרוּ לִי אֶת אֲשֶׁר רָאוּ
וְכֹל הַגְּבוּרוֹת אֲשֶׁר עָשָׂה · 6 הִנֵּה הוּא מֵבִיא גוֹי
אֲשֶׁר לֹא תֵדַע וְלֹא תִשְׁמַע אֶת הַלָּשׁוֹן אֲשֶׁר יְדַבֵּר
וְאָכַל כָּל־אֲשֶׁר לְךָ בַּשָּׂדֶה וְאֶת הַמִּבְצָרִים אֲשֶׁר אַתָּה
בֹּטֵחַ בָּהֶן יְרֹשֵׁשׁ · 7 וַיִּרֹפְפוּ עַמּוּדֵי הַשָּׁמַיִם וַתְּחוֹלֵל
הָאָרֶץ מִקּוֹל ה׳ כִּי נוֹרָא הוּא ·

N° 33. — T. XIII.

1 מִי הֵרַךְ אֶת לֵב הָעָם לְבִלְתִּי עֲלוֹת לְהִלָּחֵם בָּם ?

2 הִיא בְּפֹגַע בּוֹ הֶחֱזִיקָה בּוֹ וְנָשְׁקָה לוֹ הֵעֵזָּה פָנִים
וַתֹּאמֶר לוֹ הִנֵּה יָצָאתִי לְבַקֵּשׁ אוֹתְךָ לִקְרֹא לְךָ אֶל
הַמִּשְׁתֶּה אֲשֶׁר הֲכִינוֹתִי · 3 הֲצֵרוֹתִי לָהֶם מְעַט לְמַעַן
יִמְצְאוּ כִּי רַע וָמַר עֲזֹב אוֹתִי וּלְמַעַן נַסּוֹת אוֹתָם ·
4 הֲשִׁכַּחְתִּי חֲמַת רְ״· מֵעַל דָ״· וְלֹא גֵּרֵשׁ אוֹתוֹ · 5 לָמָּה
הֲרֵעֹתֶם לִי לְהַגִּיד לָאִישׁ כִּי עוֹד לָכֶם אָח ·
6 הָקֵל מֵעַל הָעָם אֶת הָעֹל הַכָּבֵד הַזֶּה וְהָיוּ לְךָ
עֲבָדִים כָּל־הַיָּמִים · 7 הָשִׁבִי חֲמַת רְ״· מֵעַל שׁ״· ·
8 אֶת מִשְׂגַּב הַחוֹמוֹת אֲשֶׁר אַתָּה בֹּטֵחַ בָּהֶן אָשֵׁחַ
אַשְׁפִּיל אַגִּיעַ לָאָרֶץ עַד עָפָר · 9 וַיְהִי בְּקָרְבַ אֲ״· אֶל
הַחוֹמָה וַתַּפֵּל אִשָּׁה אַחַת פֶּלַח רֶכֶב אֶחָד מִן הַמִּגְדָּל
וַתָּרֶץ לוֹ אֶת הַגֻּלְגֹּלֶת · 10 אֲנַחְנוּ נָדוּשׁ אֶת חִטִּים
וְאַתֶּם תָּבֵרוּ אֶת הַשְּׂעוֹרִים ·

11 מֵפֵר עֲצוֹת גּוֹיִם וּמֵנִיא מַחְשְׁבוֹת לְאֻמִּים ה״· ·
12 וְהִיא מְעֻזָּה פָנִים אָמְרָה לוֹ סוּרִי נָא אֵלַי ·

N° 34. — T. XIII.

1 אָז הוּחַל לִקְרֹא בְּשֵׁם ה׳ · 2 הֲשַׁמָּה הָאָרֶץ מִבְּלִי
יוֹשֵׁב בָּהּ · 3 אֵת אֲשֶׁר תָּאֹר יוּאַר וְאֵת אֲשֶׁר תְּבָרֵךְ
מְבֹרָךְ ·

N° 35. — T. XIV.

1 אִישׁ צַדִּיק תָּמִים הָיָה נֹחַ אֶת הָאֱלֹהִים הִתְהַלֶּךְ
נֹחַ · 2 הִתְנַפַּלְתִּי לְרַגְלֵי הַמֶּלֶךְ לִפְגֹּעַ בְּעַד ה׳ וְלֹא
שָׁמַע לִי וְלֹא אָבָה לִסְלֹחַ לוֹ · 3 הִתְיַעַצְתֶּם לַעֲשׂוֹת
לִי רָעָה וַאֲנִי עָשִׂיתִי לָכֶם רַק טוֹבָה עַד הַיּוֹם הַזֶּה ·
4 הִתְחַטֵּאנוּ בְּמֵי נִדָּה טְהוֹרִים אֲנַחְנוּ · 5 וְלִשְׁנֵי
הָאֲנָשִׁים אָמַר הַמֶּלֶךְ לְכוּ לְשָׁלוֹם כִּי עַתָּה לֹא אֶעֱשֶׂה
לָכֶם דָּבָר כִּי נְשָׂאתֶם אֶת אֲרוֹן ה׳ וְכִי הִתְעַנִּיתֶם
בְּכָל־אֲשֶׁר הִתְעַנֵּיתִי ·
6 הִתְפָּאֵר עַל ה׳ כִּי לֹא יַעֲזֹב כָּל־בֹּטֵחַ בּוֹ ·
7 הִתְעוֹרְרִי הִתְעוֹרְרִי קוּמִי בַּת יְרוּשָׁלַםִ אֲשֶׁר שָׁתִית
אֶת כּוֹס הַתַּרְעֵלָה שָׁתִית מָצִית · 8 הִתְכַּסֶּינָה
בַּשְּׂמִיכָה אֲשֶׁר עַל הַמִּטָּה וְחַם לָכֶן ·

QUATORZIÈME TABLEAU.

Septième conjugaison des verbes de toutes les racines. RÉFLÉCHI. **התפקד**

DOUBLE LET.	MONOSYLL.	FINALE ה	FINALE א	INITIALE א	INITIALE י	INITIALE נ	INTÈGRES.	
הִתְגַּלְּלוּ הִתְגַּלְּלָה הִתְגּוֹלַלְתֶּן הִתְגּוֹלַלְנוּ	הִתְקוֹמֵם הִתְקוֹמְמָה הִתְקוֹמַמְתְּ הִתְקוֹמַמְתִּי	הִתְפַּנֶּה הִתְפַּנְּתָה הִתְפַּנֵּיתֶם הִתְפַּנֵּינוּ	הִתְמַצֵּא הִתְמַצְּאָה הִתְמַצֵּאתָ הִתְמַצֵּאתִי	הִתְאַכְּלוּ הִתְאַכְּלָה הִתְאַכַּלְתֶּן הִתְאַמַּרְנוּ הִתְאַזָּר *	הִתְיַלֵּד הִתְוַדְּעָה הִתְיַלַּדְתְּ הִתְוַדַּעְתִּי	הִתְנַגְּשׁוּ הִתְנַגְּשָׁה הִתְנַגַּשְׁתֶּם הִתְנַפַּלְנוּ קִדַּשְׁתִּי **	הִתְפַּקֵּד * הִתְפַּקְּדָה הִתְפַּקַּדְתְּ פַּקַּדְתִּי ** הִתְקַדֵּשׁ *	P.
הִתְגּוֹלַלְנָה	הִתְקוֹמְמוּ	הִתְפַּנֵּה, ״נִּי	הִתְמַצֵּא	הִתְאַכֵּלְנָה	הִתְיַלְּדוּ	הִתְנַגְּשִׁי	הִתְפַּקֵּד	I.
יִתְגּוֹלְלוּ תִּתְגּוֹלַלְנָה	תִּתְקוֹמֵם תִּתְקוֹמְמִי נִתְקוֹמֵם	יִתְפַּנֶּה תִּתְפַּנִּי אֶתְפַּנֶּה	תִּתְמַצֶּאנָה תִּתְמַצֵּא	יִתְאַכְּלוּ תִּתְאַכֵּלְנָה יִתְאַבָּל °	תִּתְוַדַּע תִּתְיַלְּדוּ נִתְוַדַּע	תִּתְנַגֵּשׁ תִּתְנַגְּשִׁי	יִתְפַּקֵּד ° תִּתְפַּקֵּד אֶתְפַּקֵּד *	F.
מִתְגּוֹלְלוֹת			מִתְמַצְּאִים		מִתְיַדַּעַת	מִתְנַגְּשָׁה	מִתְפַּקֵּד	P.
מֵהִתְגּוֹלֵל		בְּ״הִתְפַּנּוֹת			כְּ״הִתְוַדַּע		לְ״הִתְפַּקֵּד	G.

Voy. Guide.

הִשְׁתַּחֲוָה יִשְׁתּוֹמֵם		הִשְׁתָּאָה הִזַּכּוּ				הִצְטַדֵּק הִנַּבֵּא	הִשְׁתַּמֵּר הִטַּמָּא

Supplément.

8me. conj. הֻטַּמָּא הֻדַּשַּׁן הָתְפָּקְדוּ

9 וַיְהִי כַּאֲשֶׁר שָׁמַעְתִּי זֹאת וָאֶבְכֶּה וָאֶתְאַבָּל · 10 כִּי
יָבִיא ה׳ אוֹתְךָ אֶל הָאָרֶץ אֲשֶׁר אַתָּ עֹבֵר לָרֶשֶׁת
אוֹתָהּ תַּחֲרֵם כָּל הַגּוֹיִם אֲשֶׁר בָּהּ לֹא תָחֹן אוֹתָם וְלֹא
תִּתְחַתֵּן בָּם · 11 וַיִּתְוַדַּע לָהֶם יוֹסֵף כִּי לֹא הִכִּירוּ
אוֹתוֹ · 12 בַּמֶּה יִתְרַצֶּה זֶה אֶל שׁ״ הֲלֹא בְּהָרַע לָנוּ ·
13 וַיְהִי כִּרְאוֹת רִבְקָה אֶת יִצְחָק וַתִּקַּח אֶת הַצָּעִיף
וַתִּתְכָּס · 14 לֹא נִתְחַרֶה בַּמְּרֵעִים לֹא נְקַנֵּא בְּעֹשֵׂי
עַוְלָה · 15 מָה אַתֶּם כִּי תִתְנַשְּׂאוּ עַל הַקָּהָל ?
16 עַד אָנָה יִתְרַפּוּ מֵעֲבֹר לָרֶשֶׁת אוֹתָהּ ? 17 הָאָרֶץ
תִּהְיֶה שְׁמָמָה תַּנִּין וְנָחָשׁ יִתְגּוֹרְרוּ שָׁם ·
18 מָצָאנוּ אֶת עֵ׳ מִתְגֹּלֵל בַּדָּם בְּתוֹךְ הַמְּסִלָּה ·
19 וַיְהִי כַּאֲשֶׁר שָׁמַע קוֹל הָאִשָּׁה וַיֹּאמֶר לָהּ בּוֹאִי
לָמָּה אַתְּ מִתְנַכְּרָה · 20 וְרַבִּים מֵעַם הָאָרֶץ מִתְיַהֲדִים
כִּי יָרְאוּ מִמָּ״ · 21 הֵם הוּבְאוּ בֵּית יוֹ״ וַיִּירְאוּ מְאוֹד
כִּי אָמְרוּ עַל דְּבַר הַכֶּסֶף אֲנַחְנוּ מוּבָאִים לְהִתְגֹּלֵל
וּלְהִתְנַפֵּל עַל כָּל־אֲשֶׁר לָנוּ וְעַתָּה מַה נְּדַבֵּר וּמַה
נִּצְטַדָּק · 22 מַה תִּשְׁתּוֹחֲחִי וּמַה תֶּהֱמִי הוֹחִילִי

לֵאלֹהִים etc. ׃ 23 וְהֶעֱמִיד הַכֹּהֵן הַמְטַהֵר אֵת הָאִישׁ
הַמִּטַּהֵר פֶּתַח הָאֹהֶל ׃

N° 36. — T. XV.

1 וַיִּשְׂאוּ בְנֵי יִשַׁי אֶת יַעֲ׳ בָּעֲגָלוֹת אֲשֶׁר שָׁלַח פַּרְעֹה
לָשֵׂאת אוֹתוֹ בְּהֵנָּה ׃ 2 וַתֵּרֶא הָאָתוֹן אֶת הַמַּלְאָךְ
וַתֵּט מִן־הַדֶּרֶךְ וַתֵּלֶךְ בַּשָּׂדֶה וַיַּךְ בִּלְעָם אֶת הָאָתוֹן
לְהַטּוֹת אוֹתָהּ הַדָּרֶךְ ׃ 3 לֹא נַעֲבֹר בְּשָׂדֶה וּבְכֶרֶם
וְלֹא נִשְׁתֶּה מֵי בְאֵר דֶּרֶךְ הַמֶּלֶךְ נֵלֵךְ וְלֹא נִטֶּה יָמִין
וּשְׂמֹאל ׃ 4 קַח אֶת הַמַּטֶּה אֲשֶׁר הִכִּיתָ בּוֹ אֶת הַיְאוֹר
וְהוֹצִיא לָהֶם מַיִם מִן הַסֶּלַע ׃ 5 וַיְהִי בַּיָּמִים הָהֵם
וַיֵּצֵא מֹ׳ לִרְאוֹת בְּסִבְלֹת הָעָם וַיַּרְא אִישׁ מִצְרִי מַכֶּה
אִישׁ עִבְרִי ׃ 6 שֵׁם הָאִשָּׁה הַמֻּכָּה כָּזְבִּי בַּת צוּר ׃
7 וַתְּכַחֵשׁ שָׂ׳ לֵאמֹר לֹא צָחַקְתִּי כִּי יָרֵאָה ׃ 8 הַיְּרֵאִים
אֶת דְּבַר־הַמֶּלֶךְ אִסְפוּ אֶת הַמִּקְנֶה הַבַּיְתָה ׃ 9 אֵיךְ
לֹא יְרֵאתֶם לַעֲשׂוֹת כָּזֹאת ? 10 וְקָרָא בוֹ בְּכָל יוֹם
לְמַעַן יִלְמַד לְיִרְאָה אֶת ה׳ ׃ 11 וַיֹּאמֶר הָעֶבֶד אוּלַי

QUINZIÈME TABLEAU.

VERBES IRRÉGULIERS DES RACINES INITIALES נ ET י.

I.	2.	3.	I.	2.	3.	Conjugaison	
						נתן	
נָתַנּוּ	נְתַתֶּם	נָתְנוּ *		נָתַתָּ, ² נָתַתְּ	נָתַן, נָתְנָה	1.re	PARF.
נִתְּנוּ *		תִּתֵּנָּה ,	בְּ"תֵת, כְּ"תֵת	"תֵּן, "תְּנִי	יִתֵּן		IMP. et FUTUR.
						יכל	
יָכֹלְנוּ	יְכָלְתֶּם	יָכֹלְתְּ	PARTICIPE. יָכֹל, יְכֹלָה; יְכֹלֶת	יָכֹלְתָּ	יָכֹל, יָכְלָה	1.re	PARF.
		יוּכְלוּ			יוּכַל, תּוּכַל		FUTUR.

CONJUGAISON DES VERBES COMPOSÉS D'INITIALE נ OU י AVEC FINALE א OU ה נשא, יצא

יָצָאנוּ	נְשָׂאתֶם, יְר־		בְּ"לָ"שֵׂאת *	יָצָאתָ, יָרֵאתָ	נָשָׂא, יָצָא		PARF.
part. יָרֵא, יְרֵאָה	יִירְאוּ, שֶׂאינָה	יִשְׂאוּ, יִירְאוּ	לָצֵאת, לְיִרְאָה	"שָׂא, "יְרָא, יְרְאִי	יִשָּׂא , יִירָא	1.	FUTUR.
	נוֹרֵאתֶם	נִשְּׂאוּ	נוֹרָא, נִשֵּׂאת	נִשֵּׂאתָ נוֹרֵאתָ	נִשָּׂא, נוֹרָא	2.	PARF. PART.
וַנִּיר		יִירוּ	אִיר, אֵט	תֵּט, תִּטִּי	יִטֶּה, יֵט, יִירֶה	נטה, ירה	FUTUR.
הוֹרִינוּ	הִטִּיתֶם	הִטּוּ, הוֹרוּ	מַטֶּה, "טָה, "ים מוֹרֶה, מוֹרָה	הִטִּיתָ, הוֹרֵיתָ	הִטָּה, הוֹרָה	1.re הַטּוֹת, הוֹרוֹת	GÉR. PARF.
						5.	PART.
וַיֵּט; וַיּוֹר, וַיַּ	"הוֹרוּ, "הַטֶּינָה	יַטּוּ, יוֹרוּ		"הַט, "הַטִּי	יטה *, יוֹרֶה		IMP. et FUTUR.

CONJUGAISON DE LA RACINE FINALE ה IRRÉGULIÈRE שחה

הִשְׁתַּחֲוִינוּ	הִשְׁתַּחֲוִיתֶם	הִשְׁתַּחֲווּ	מִשְׁתַּחֲוֶה, "וָה, "וִים	הִשְׁתַּחֲוִיתָ	הִשְׁתַּחֲוָה	G. הִשְׁתַּחֲוֺת	PARF.
						7.	PART.
וַיִּשְׁתַּחוּ *	הִשְׁתַּחֲווּ	יִשְׁתַּחֲווּ		"הִשְׁתַּחֲוֵה, "וִי	יִשְׁתַּחֲוֶה *		IMP. et FUTUR.

SEIZIÈME TABLEAU.

Conjugaison des verbes monosyllab. finale א

I.	2.	3.	I.	2.	3.	Conjugaison	
						בּוֹא	
בָּאנוּ	בָּאתֶם			בָּאתָ	בָּא, בָּאָה	1.	PARF.
	בּוֹאוּ, "בּוֹאֶינָה	יָבֹאוּ, תָּבֹאנָה		"בּוֹא, "בּוֹאִי	יָבוֹא		IMP. et FUTUR.
הֵבֵאנוּ, הֲבִיאוֹנוּ	הֲבֵאתֶם		הֵבֵאתִי	הֲבִיאוֹתָ		5.	PARF.

Conjugaison des verbes monosyllab. en ־ִי (i), ex. שִׂים

וַיָּשֶׂם	"שִׂימוּ	יָשִׂימוּ, תְּ־מֶנָה		"שִׂים, "שִׂימִי	יָשִׂים	1.	IMP. et FUTUR.

Conjugaison des verbes monosyllab. irréguliers מות, בוש, אור

מַתְנוּ	מַתֶּם, ⁵הֲמִתֶּם	מֵתוּ	מֵת, "תָה, "תִים	מַתָּ	מֵת, מֵתָה	1. מוּת	PARF. PART.
בּוֹשְׁנוּ	בָּשְׁתֶּם	אוֹרוּ	אוֹר, ־ָה, ־ִים	בּוֹשְׁתָּ, בָּשְׁתָּ	אוֹר, בּוֹשָׁה	אוֹר, בּוֹשׁ 1.	PARF.
* Voy. Guide.		יֵבוֹשׁוּ			יֵבוֹשׁ, * יָאוֹר		FUTUR.
בִּיַּשְׁנוּ	בִּיַּשְׁתֶּם	קִיְּמוּ	מְקַיֵּם, ־מָה	בִּיַּשְׁתָּ	בִּיֵּשׁ, * קִיְּמָה	3. בִּישׁ	PARF. PART.
	"קַיְּמוּ, "קַיֵּמְנָה	יְבַיְּשׁוּ		קַיֵּם, "קַיְּמִי	יְקַיֵּם		IMP. et FUTUR.

Conjugaison réduplicative des verbes doublelettres et mon.

	גִּלְגַּלְתֶּם	כִּלְכְּלוּ	מְגַלְגֵּל, ־לָה	גִּלְגַּלְתָּ	גִּלְגֵּל	גלל 'גלגל 3.	PARF. PART.
	גַּלְגְּלוּ	יְכַלְכְּלוּ		"גַּלְגֵּל, ־גְּלִי	יְגַלְגֵּל		IMP. et FUTUR

Remarque. Cette conjugaison réduplicative s'étend aussi à quelques verbes intègres, mais leur nombre est très-borné ; *exemple* : חֲסַפְסַף, חֲמַרְמַר, סְחַרְחַר, אֻמְלַל, שַׁאֲנָן. *Voy. Guide.*

לֹא תֹאבֶה הָאִשָּׁה לָלֶכֶת אֶל הָאָרֶץ הַזֹּאת הֶהָשֵׁב
אֶת יִצְחָק שָׁמָּה ? 12 וַיְבָרֵךְ הָעֶבֶד אֶת הַגְּמַלִּים
מִחוּץ לָעִיר אֶל בְּאֵר הַמַּיִם לְעֵת צֵאת הַשֹּׁאֲבֹת ·
13 וַיְהִי הוּא טֶרֶם כִּלָּה לְדַבֵּר וְהִנֵּה רִבְקָה יֹצֵאת
וְהַכַּד עַל הַשֶּׁכֶם וַיִּקֹּד הָאִישׁ וַיִּשְׁתַּחוּ לַה״ · 14 הִיא
מוּצֵאת לְהִשָּׂרֵף וְהִיא שָׁלְחָה לוֹ לֵאמֹר לָאִישׁ אֲשֶׁר
אֵלֶּה לוֹ אָנֹכִי הָרָה הַכֶּר נָא לְמִי הַחֹתֶמֶת וְהַפְּתִילִים
הָאֵלֶּה ·

N° 37. — T. XVI.

1 לֹא יָבוֹא עַל הָעִיר וְלֹא יוֹרֶה שָׁם חֵץ בַּדֶּרֶךְ אֲשֶׁר
יָבוֹא בוֹ יָשׁוּב · 2 וַיֹּאמֶר יְרֵה וַיּוֹר וַיֹּאמֶר חֵץ תְּשׁוּעָה
בַּאֲרָם וְהִכִּיתָ בּוֹ עַד כַּלֵּה · 3 אֶת יְהוּדָה שָׁלַח
לְהוֹרֹת אֶתְכֶם בַּדֶּרֶךְ · 4 עַתָּה לְכוּ וְאֵת אֲשֶׁר
הוֹרֵיתִי אֶתְכֶם תַּעֲשׂוּ · 5 וַתַּהַר עוֹד וַתֵּלֶד בֵּן וַתֹּאמֶר
הַפַּעַם אוֹדֶה אֶת ה״ · 6 וַיֹּאמֶר ה״ הִנֵּה נָתַתִּי לָכֶם
כָּל־עֵשֶׂב אֲשֶׁר עַל פְּנֵי כָל־הָאָרֶץ וְאֶת כָּל־פְּרִי הָעֵץ
לָכֶם יִהְיֶה לְאָכְלָה · 7 מַה תִּתֶּן לִי וְאָנֹכִי הֹלֵךְ

עֲרִירִי · 8 כִּי תַעֲבֹד אֶת הָאֲדָמָה לֹא תוֹסֵף תֵּת כּוֹחָהּ
לָךְ · 9 אִם כַּדָּבָר הַזֶּה תַּעֲשֶׂה וְיָכָלְתָּ עֲמֹד ·
10 וְלֹא יָכֹל יוֹסֵף לְהִתְאַפֵּק לְכֹל הַנִּצָּבִים שָׁם וַיִּקְרָא
הוֹצִיאוּ כָל־אִישׁ מִן הַחֶדֶר · 11 הַבֹּקֶר אוֹר וְהָאֲנָשִׁים
שֻׁלְּחוּ · 12 הִנֵּה אַתָּה מֵת עַל דְּבַר הָאִשָּׁה אֲשֶׁר
לָקַחְתָּ כִּי בְּעוּלַת בַּעַל הִיא · 13 וַיִּגְוַע כָּל־בָּשָׂר
אֲשֶׁר בּוֹ נִשְׁמַת רוּחַ חַיִּים כֹּל אֲשֶׁר בֶּחָרָבָה מֵתוּ ·
14 בּוֹשְׁתִּי לִשְׁאֹל מִן הַמֶּלֶךְ חַיִל וּפָרָשִׁים לַעֲזוֹר אוֹתָנוּ
בַּדֶּרֶךְ · 15 לְךָ זָעֲקוּ וְנִמְלָטוּ בְּךָ בָּטְחוּ וְלֹא בוֹשׁוּ ·
16 וַיְצַו אֶת אֲשֶׁר עַל הַבַּיִת לֵאמֹר מַלֵּא אַמְתְּחוֹת
הָאֲנָשִׁים אֹכֶל כַּאֲשֶׁר יוּכְלוּ שְׂאֵת וְשִׂים כֶּסֶף אִישׁ בְּפִי
הָאַמְתָּחָה אֲשֶׁר לוֹ · 17 כְּמַאֲמַר אֶסְתֵּר קִיַּם דִּבְרֵי
הַפּוּרִים הָאֵלֶּה · 18 וְיָשַׁבְתָּ בְּאֶרֶץ גֹּשֶׁן וְהָיִיתָ קָרוֹב
לִי וְכִלְכַּלְתִּי אוֹתְךָ שָׁם · 19 אוּלַי יָמֹשׁ אוֹתִי וְהָיִיתִי
כִּמְתַעְתֵּעַ וְהֵבֵאתִי עָלַי קְלָלָה וְלֹא בְרָכָה ·

DIX-SEPTIÈME TABLEAU.

FLEXION DES VERBES AVEC LES LETTRES PRONOMINALES Y AFFIXÉES.

פקדנו אות	פקדתם אות	פקדו אותי	פקדתי אותך	פקדת אותי	פקדת אותי	פקדה אותי	פקד אותי	
	פקדתו"ני	פקדו"ני		פקדתי"ני*	פקדת"ני*	פקדת"ני	פקד"ני *	1.
פקדנו"ך,		־דו"ך, ־"ך	פקדתיך, "ך			־תך, "תך	־ד"ך, ־"ך	2.
־הו, ־"ה	־הו, ־"ה	־הו, ־"ה	־תי"ו, °־תיה	־תי"ו, °־תיה	־תו, ־"תה	־ת"הו, ־תה	־ד"ו ־"דה	3.
	־"נו	־"נו		־"נו	־"נו	־"נו	־ד"נו	1. P.
־"כן		־"כם	־"כן			־"כן	־קד"כם	2.
פקדנום	פקדתו"ם	פקדו"ם	פקדתי"ם	פקדתי"ן	פקדת"ם	פקדת"ן	פקד"ם	3.
ברכנוכם		* ילדתיני, "תנו ° "תיהו *Voy. Guide.* שמרו"ני עזבתני				אהבתיך * דתו	* רא"ני * אהבך	
		FUTUR.						
	תשימו"ני	יראו"ני		תאכילי"ני	תודיע"ני	תגיש"ני	יפקד"ני	1.
נמש"ך °		־"ך	אמצא"ך			־ש"ך	°קד"ך, קדך	2.
־שהו, ־"נה	־הו, ־"ה	־"הו, ־"ה	וא"נו, "נה	־"הו, ־"ה	ועֶנּהו, ־"נה	וש"הו, "שה	וקדו, ־"דה	3.
	־"נו	־"נו		־"נו	־ע"נו	־"נו	־ד"נו	1.
־ש"כם		־"כן	־א"כם			ש"כן	קד"כם	2.
נהמ"ם°*	תשימו"ם	יראו"ם	־א"ם	תאכילי"ם	תוציא"ם	תציל"ם	קד"ם°°	3.
יחנך°*		ישלך					° ישמרך יגאלך	
		IMP.						
משני חנני 3*	זונ"ני, השיב"נו השיב"הו	רא"נו הרא"ם	קרא"ני קרא"הו	האכילי"ני אהבה	דע"נו דע"נה	שא"ני נשק"הו קח"ם	פקד"ני פקד"ני	פקד
			־די"ם	־די"ה	־די"הו	־די"נו	פקדי"ני	פקדי
סלוה			קראו"ם	אכלו"ה	דעו"הו	"פקדו"נו	פקדו"ני	פקדו

°° Sup. ילבשם [1] ענני, העלך [2] כלתו [2] כפרתהו [3] חננני *° יחנך ° ישדם ; ישדדם [6] נצרה

Tabl. Synop.

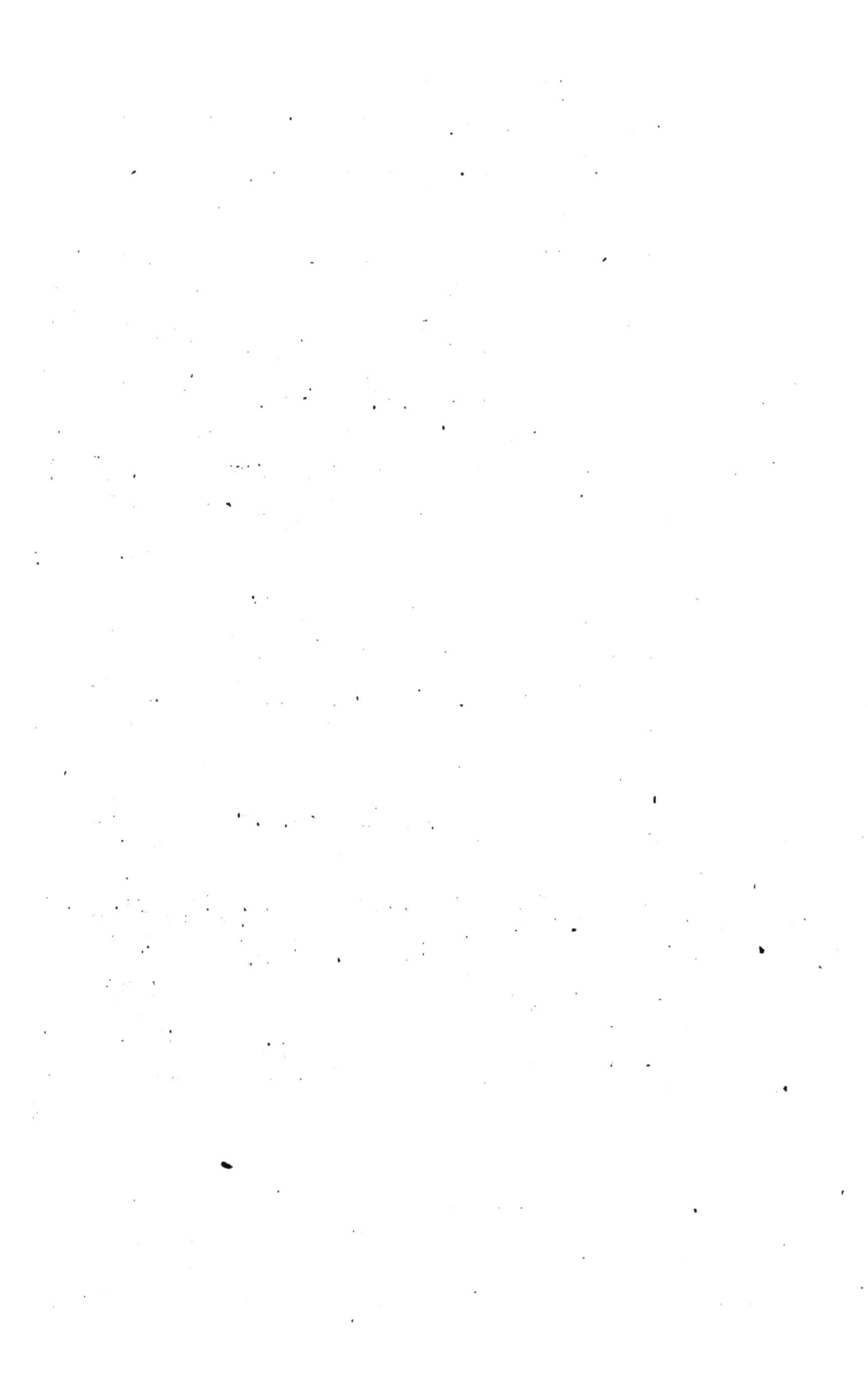

N° 38. — T. XVII.

1 אַל תָּרִיב עִם אָדָם חִנָּם אִם־לֹא גְמָלְךָ רָעָה ׃
2 לֵךְ רֵד כִּי שִׁחֵת הָעָם עֲזָבֻנִי וְהֵפֵר אֶת הַבְּרִית ׃
3 אַל תִּרְאוּ אוֹתִי שֶׁאֲנִי שְׁחַרְחֹרֶת שֶׁשְּׁזָפַתְנִי הַשָּׁמֶשׁ ׃
4 יְיָ כִּבַּדְתִּךָ מְאֹד ׃ 5 וְרָאָה הַכֹּהֵן אֶת הַנֶּגַע בַּיּוֹם
הַשְּׁבִיעִי וְהִנֵּה… לֹא פָשָׂה בָעוֹר וְהִסְגִּירוֹ… שֵׁנִית ׃
6 כִּשְׁמֹעַ הַמֶּלֶךְ אֶת הַשֵּׁמַע וַיִּבָּהֵל צָרָה הֶחֱזִיקַתְהוּ
חִיל כַּיּוֹלֵדָה ׃ 7 וַתֵּשֶׁב הָאִשָּׁה וַתֵּינֶק אֶת הַבֵּן עַד
עֵת גְּמֹל אוֹתוֹ וַיְהִי כַּאֲשֶׁר גְּמָלַתּוּ וַתַּעֲלֶה אוֹתוֹ שִׁילוֹ ׃
8 זְכָרָנוּ ה׳ יְבָרֵךְ אוֹתָנוּ ׃ 9 יָדַעְתָּ אֶת כָּל־הַתְּלָאָה
אֲשֶׁר מְצָאָתְנוּ ׃ 10 … שֶׁקֶר אַתֶּם מִתְנַבְּאִים לֹא
שְׁלָחֲכֶם ה׳ ׃ 11 וְהִשִּׂיגַתְכֶם יַד אוֹיֵב כִּי יַעֲזֹב ה׳
אֶתְכֶם כַּאֲשֶׁר עֲזַבְתֶּם אוֹתוֹ ׃ 12 וְהִצִּיתָה אֵשׁ בְּחוֹמוֹת
הָעִיר וּשְׂרָפָם ׃ 13 וַיַּעַן יַעֲ׳ וַיֹּאמֶר עִם אֲשֶׁר תִּמְצָא
אֶת הַתְּרָפִים לֹא יִחְיֶה …. וְלֹא יָדַע יַעֲ׳ כִּי רָ׳
גְּנָבָתַם ׃ 14 לֹא תֹאכְלוּ כָל־נְבֵלָה לַגֵּר תִּתֵּן אוֹתָהּ
וַאֲכָלָהּ אוֹ מָכֹר לְנָכְרִי ׃ 15 רָפְתָה דַ׳ הִפְנְתָה לָנוּס

צָרָה אֲחָזָתָהּ כַּיּוֹלֵדָה · 16 הֵם רְדָפוּנִי חִנָּם · 17 בְּחַר
לְךָ אֲנָשִׁים שֹׂנְאֵי בֶצַע וְשִׂים אוֹתָם לְשֹׁפְטִים וְשָׁפְטוּךָ ·
18 אֵיךְ נֶעֱזַבְתְּ הַיָּפָה בַּנָּשִׁים כֹּל הַמְאַהֲבִים שְׁכֵחוּךְ ·
19 לֹא יָכֹל ה׳ לִבְנוֹת בַּיִת לַה׳ מִפְּנֵי הַמִּלְחָמוֹת אֲשֶׁר
סְבָבֻהוּ · 20 בְּאֵר חֲפָרוּהָ שָׂרִים כָּרוּהָ נְדִיבֵי עָם ·
21 שָׁם שְׁאֵלוּנוּ הַשֹּׁבִים דִּבְרֵי שִׁיר וְשִׂמְחָה · 22 כָּל
הָעָם הַנִּמְצָא בָעִיר יִהְיוּ לָמַס וַעֲבָדוּכֶם · 23 וַיַּעַשׂ
לָהֶם כֵּן וַיַּצֵּל אוֹתָם מִיַּד יִשַׁי וְלֹא הֲרָגוּם ·

N° 39. — T. XVII.

1 פִּתִּיתַנִי ה׳ וָאֶפָּת חֲזַקְתַּנִי וַתּוּכָל · 2 ה׳ אֱלֹהִים
לָמָּה עֲזַבְתָּנִי · 3 לֹא־תִרְאֶה שׁוֹר אוֹ שֶׂה נִדָּחִים
וְהִתְעַלַּמְתָּ מֵהֶם אִם רָחוֹק מִמְּךָ הָאִישׁ אֲשֶׁר לוֹ הַשּׁוֹר
אוֹ הַשֶּׂה וְלֹא יְדַעְתּוֹ וַאֲסַפְתּוֹ עַד אֲשֶׁר יָבוֹא לְבַקֵּשׁ
אוֹתוֹ · 4 אֶת יֹשְׁבֵי הָעִיר הַהִיא תַּכֶּה לְפִי חֶרֶב
הַחֲרֵם אוֹתָהּ וְכָל אֲשֶׁר בָּהּ וְשָׂרַפְתָּהּ בָּאֵשׁ ·
5 וְלָקַחְתָּ מִן הַדָּם וְנָתַתָּ מִמֶּנּוּ עַל הַמִּזְבֵּחַ וְכִפַּרְתָּהוּ

6 בָּאנוּ אֶל הָאָרֶץ אֲשֶׁר שְׁלַחְתָּנוּ וְגַם זָבַת חָלָב וּדְבַשׁ
הִיא אֶפֶס כִּי עַז הָעָם הַיּוֹשֵׁב בָּאָרֶץ · 7 וַיְמָאֲנוּ
לִשְׁמֹעַ לְמֹו וְלֹא זָכְרוּ הַנִּפְלָאוֹת אֲשֶׁר עָשִׂיתָ וַיַּקְשׁוּ
עֹרֶף וַיִּתְּנוּ רֹאשׁ לָשׁוּב מִצְרַיְמָה וְאַתָּה ·· סָלַחְתָּ לָהֶם
וְלֹא עֲזַבְתָּם · 8 מַדּוּעַ שְׁכַחְתִּנִי · 9 אוֹי לִי כִּי
יְלִדְתִּנִי אִישׁ רִיב וְאִישׁ מָדוֹן לְכָל־הָאָרֶץ · 10 הֲלֹא
אַתְּ שְׂכַרְתִּיו עַתָּה שַׁלְּמִי אוֹתוֹ · 11 הֵילִיכִי אֶת הַיֶּלֶד
וְהֵינַקְתִּיהוּ לִי · הֲלֹא אַתְּ מְכַרְתִּיהָ לְאָמָה · 12 עֲבַרְתִּינוּ
לֵאמֹר לָאִישׁ כִּי עוֹד לָנוּ דָגָן · 13 נְקִיִּים אֲנַחְנוּ מִן
הַשְּׁבוּעָה אֲשֶׁר הִשְׁבַּעְתָּנוּ אִם לֹא תִקְשְׁרִי אֶת חוּט
הַשָּׁנִי בַּחַלּוֹן אֲשֶׁר הוֹרַדְתִּנוּ בּוֹ · 14 מַה שְּׁאַלְתְּ
אוֹתָם הֲלֹא אַתְּ אֲכַלְתִּים · 15 עֲשַׁקְתּוּנִי וַתַּחְלִפוּ
עֶשֶׂר פְּעָמִים הַמַּשְׂכֹּרֶת אֲשֶׁר נְתַתֶּם לִי · 16 הֲלֹא אַתֶּם
בְּחַרְתּוּהוּ וְלֹא אֲבִיתֶם לִשְׁמֹעַ לִי · 17 אָנֹכִי אֶקְנֶה
אוֹתָהּ לָמָּה לֹא הוֹרַדְתּוּהָ · 18 הִשְׁבַּעְתּוּנוּ לֵאמֹר
אִישׁ מִכֶּם אַל יֵצֵא מִפֹּה טֶרֶם בּוֹא הַשֶּׁמֶשׁ ·

N° 40. — T. XVII.

1 כה תאמר לה'' אנכי הצלתיך מיד ש'' ואנכי
משחתיך למלך על י''שראל למען תעשה הטוב
והישר ... 2 ברגע קטן עזבתיך והסתרתי פנים
ממך ובחסד עולם רחמתיך · 3 כי תכלה לעשר ··
ואמרת ·· בערתי הקדש מן הבית וגם נתתיו ללוי
לגר ליתום ולאלמנה ככל אשר צויתני · 4 אני
ידעתיה וכל אשר עשתה הגד לי · 5 אהבתיכם
והיטבתי לכם ואתם שלמתם לי רעה תחת טובה ·
6 והבאתי אותם באש וצרפתים כצרף את הכסף
ובחנתים כבחן את הזהב · 7 אל נא תעשה לנו
רעה כאשר לא נגענוך וכאשר עשינו לך רק טוב ·
8 שמענוהו שאג ביער ולא מצאנוהו · 9 וידעתם כי
אני ה' יען אשר אמרתם את שתי הארצות לי
תהיינה וירשנוה · 10 ויהי השער לסגר בחשך
והאנשים יצאו ואנחנו לא ידענום ולא ראינו אותם ·

SUPPLÉMENT.

1 וְלֹא אָבָה לִשְׁמֹעַ בְּקוֹל בְּ' וַיַּהֲפֹךְ אֵת הַקְּלָלָה לִבְרָכָה
כִּי אֲהֵבְךָ · 2 וַיּוֹסֶף יְהוֹנָתָן לְהַשְׁבִּיעַ אֵת דָּ' כִּי
אֲהֵבוֹ · 3 וְהָיָה אִם שְׂנֵאָהּ הָאִישׁ הָאַחֲרוֹן וְכָתַב לָהּ
גַּם הוּא סֵפֶר כְּרִיתוּת וְשִׁלְּחָהּ לֹא יוּכַל הַבַּעַל
הָרִאשׁוֹן לָשׁוּב לְקַחַת אוֹתָהּ · 4 כְּתֹנֶת בַּד יִלְבָּשׁ
וּבְאַבְנֵט בַּד יַחְגֹּר וּבְמִצְנֶפֶת בַּד יִצְנֹף וְרָחַץ בַּמַּיִם
וּלְבֵשָׁם · 5 וְהָיָה לְךָ זֶה לְמֵשִׁיב נֶפֶשׁ כִּי הָאִשָּׁה
אֲשֶׁר אֲהֵבָתֶךָ יְלָדַתּוּ ·

N° 41. — T. XVII.

1 זָכְרֵנִי וּפָקְדֵנִי וְהִנָּקֵם לִי · סוּר מֵרָע וַעֲשֵׂה טוֹב
בַּקֵּשׁ שָׁלוֹם וְרָדְפֵהוּ · אַל נָא תִשְׁכַּח אֵת הַדְּבָרִים
הָאֵלֶּה כָּתְבֵם עַל סֵפֶר וְעַל לוּחַ חָקֶּהָ · קְנֵה בִינָה
אֱהָבֶהָ וְתִצֹּר אוֹתְךָ · הַחֲזֵק בְּמוּסָר אַל תֶּרֶף נִצְּרֶהָ
כִּי הִיא תוֹסִיף לְךָ חַיִּים · זְכָרֵנוּ ה' וִיבָרֵךְ אוֹתָנוּ ·
הוֹשִׁיעֵנוּ אֱלֹהִים קַבְּצֵנוּ וְהַצִּילֵנוּ מִן הַגּוֹיִם · 2 וַיֹּאמֶר

מִי אֲכָלוּהוּ הַיּוֹם , כִּי שַׁבַּת הַיּוֹם · הַיּוֹם לֹא
תִמְצָאוּ בַשָּׂדֶה · פִּקְדוּ נָא אֶת הָאֲרוּרָה הַזֹּאת
וְקִבְרוּהָ כִּי בַת מֶלֶךְ הִיא · 3 וַיַּעַן זְ׳ אֶת דְּ׳ שְׁמָעֵנִי
הַשָּׂדֶה נָתַתִּי לָךְ וְגַם אֶת הַמְּעָרָה אֲשֶׁר בּוֹ לְךָ
נְתַתִּיהָ · הִנֵּה זֹאת חֲקַרְנוּהָ שְׁמָעֶנָּה וְאַתָּה דַע לָךְ ·
שְׁמָעוּנִי וּפִגְעוּ לִי בְּעֶפְרוֹן בֶּן צֹחַר ·
4 וַתֹּאמֶר לֵ׳ זְבָדַנִי אֱלֹהִים זֶבֶד טוֹב הַפַּעַם הַזֹּאת
יִזְבְּלֵנִי יַעֲ׳ · · · וְעַתָּה יֶאֱהָבֵנִי · וְהָיָה כִּי יִשְׁאָלְךָ · ·
מָחָר לֵאמֹר : מַה זֹּאת וְאָמַרְתָּ בְּחֹזֶק יָד הוֹצִיאָנוּ ה׳
מִמִּצְרַיִם etc. · לִינִי פֹה הַלַּיְלָה וְהָיָה בַבֹּקֶר אִם
יִגְאָלֵךְ , טוֹב יִגְאָל וְאִם לֹא יַחְפֹּץ לְגָאֵל אוֹתָךְ
וּגְאַלְתִּיךְ · 5 וְלֹא זָכַר שַׂר הַמַּשְׁקִים אֶת יוֹסֵף
וַיִּשְׁכָּחֵהוּ · וַתִּקַּח הָאִשָּׁה אֶת הָאֶחָד וַתִּצְפְּנוֹ · וַיִּלְכֹּד
אֶת גֵּזֶר וַיִּשְׂרְפֶהָ בָאֵשׁ · יִמְצָאֵהוּ בְּאֶרֶץ מִדְבָּר
יְצָרֶנְהוּ כְּאִישׁוֹן בַּת עַיִן · אַל תַּעַזְבֶהָ וְתִשְׁמְרֶךָּ
אֱהָבֶהָ וְתִצְּרֶךָּ , סַלְסְלֶהָ וּתְרוֹמְמֶךָּ תְּכַבֶּדְךָ כִּי
תְחַבְּקֶנָּה · 6 מַה בֶּצַע כִּי נַהֲרֹג אוֹתוֹ לְכוּ וְנִמְכְּרֶנּוּ

DIX-HUITIÈME TABLEAU.

PREMIÈRE CLASSE.

FLEXION ET FORMATION DES SUBST. MASC. DÉRIVÉS DE LA PREMIÈRE CONJ. DES VERBES INTÈGRES.

	1.	1. *b.*	2.	3.	4.	5.	6.	7.	8.	9.	10.	11	12	13.
	פָּקַד	פָּקוּד	פָּקַד	פָּקַד	פֶּקֶד	פֶּקֶד	פֶּקֶד	פִּקּוּד	פּוֹקֵד	פֹּקֶד	פּוֹקֵד	פּוֹקֵד	פָּקוּד	פָּקִיד
N.	שָׁמֶר	כָּבוֹד	דָּבָר	זָקֵן ; אָבֵל	בֶּגֶד	סֵפֶר	עֵנָב	אֵפוֹד	שׁוֹפֵט	קֹדֶשׁ	גּוֹרָל	עוּגָב	עָצוּם	נָשִׂיא
G.	שְׁמֹר	כְּבוֹד	דְּבַר	זְקַן ; אֲבַל	—	—	עֲנָב	—	—	—	גּוֹרַל	עוּגַב	עֲצוּם	נְשִׂיא
1.	שָׁמְרִי	כְּבוֹדִי	דְּבָרִי	זְקֵנִי	* בִּגְדִי	סִפְרִי	עֲנָבִי	אֵפוֹדִי	שֹׁפְטִי	קָדְשִׁי	גּוֹרָלִי	עוּגָלִי	עֲצוּמִי	נְשִׂיאִי
2.	־רְךָ	־דְךָ	־רְךָ	־נְךָ	* חַסְדְּךָ	־רְךָ	־בְךָ	־דְךָ	־פֶטְךָ	־שְׁךָ	־לְךָ	־לְךָ	־מְךָ	־אֲךָ
3.	־רוֹ, ־רָהּ	־דוֹ	־רוֹ	־נוֹ	בִּגְדוֹ, ־דָהּ	־רוֹ	־בָהּ	־דוֹ	־פְטוֹ	־שׁוֹ	־לוֹ	־לָהּ	־מוֹ	־אוֹ
1.	־רֵנוּ	־דֵנוּ	־רֵנוּ	־נֵנוּ	־דֵנוּ	־רֵנוּ	־בֵנוּ	־דֵנוּ	־טֵנוּ	־שֵׁנוּ	־לֵנוּ	־לֵנוּ	־מֵנוּ	־אֵנוּ
2.	־רְכֶם	־דְכֶם	דְּבַרְכֶן	זְקַנְכֶם, בֶּלְ־	־דְכֶם	־רְכֶן	־נַבְכֶם	־דְכֶן	־פֶטְכֶם	־שְׁכֶן	־רַלְכֶם	־גַּלְכֶן	־מְכֶם	־אֲכֶן
3.	שָׁמְרָם	־דָם	דְּבָרָם	זְקֵנָם	־דָם	־רָן	עֲנָבָם	־דָם	שֹׁפְטָם	־שָׁן	־רָלָם	עוּגָבָם	־מָם	נְשִׂיאָם
P.	p. de plur.	גְּדוֹלִים	דְּבָרִים	זְקֵנִים	בְּגָדִים	סְפָרִים	עֲנָבִים	אֵזוֹרִים	שׁוֹפְטִים	קָדָשִׁים	גּוֹרָלִים	עוּגָלִים	עֲצוּמִים	נְשִׂיאִים
	SUP.	־לֵי	° דִּבְרֵי	° אֶבְלֵי	° חַסְדֵּי "	° »	° »	אֵזוֹרֵי	־טֵי	קָדְשֵׁי	° גּוֹרְלֵי	° ־גָרֵי	־מֵי	־אֵי
1.	שָׁמְרֵנִי	־לַי	° דְּבָרַי	זְקֵנַי	°	°	°	־דַי	־טַי	קָדָשַׁי	־רָלַי	־גָלַי	־מַי	־אַי
2.	אֲכָלְךָ	־לֶיךָ, ־לַיִךְ	־רֶיךָ	־נֶיךָ	בְּגָדֶיךָ	סְפָרֶיךָ	עֲנָבֶיךָ	־רֶיךָ	־טֶיךָ	־שֶׁיךָ	־לֶיךָ	־לֶיךָ	־מֶיךָ	־אֶיךָ
3.	שְׁטָנוֹ	־לָיו, ־לֶיהָ	־רָיו	־נֶיהָ	»	»	»	־רָיו	־טֶיהָ	קָדָשָׁיו	־לֶיהָ	־לָיו	־מֶיהָ	־אָיו
1.		־לֵינוּ	־רֵינוּ	־נֵינוּ	־דֵינוּ	»	»	־רֵינוּ	־טֵינוּ	־שֵׁינוּ	־לֵינוּ	־לֵינוּ	־מֵינוּ	־אֵינוּ
2.	קְצִרְכֶם	־לֵיכֶם	דִּבְרֵיכֶם	אֶבְלֵיכֶם	»	»	»	־כֶם	־כֶן	־שֵׁיכֶם	־כֶם	־כֶן	־כֶם	־כֶן
3.		־הֶם	־הֶם	־הֶם	־הֶם	»	«	־הֶם	־הֶם	־הֶן	־הֶם	־הֶן	־הֶם	־הֶם

14. פִּיקּוּד , קִיטֹּר

Sup. אוֹפַנִּים 10 אֹהָלִים 9 בְּקָרִים 9 אוֹיִבְךָ 8 דִּבְשִׁי 4 הָאָרֶץ 4 כְּתָף 3 g. עָשָׁן 2 g. גְּמַלִּים 2 נְקֻדִּים 1 בְּאֵר 3 כְּתָב 2 בְּכוֹר 1

Tabl. Synop.

לַיִּשְׁמְעֵאלִים · 7 וַיַּעֲנוּ לֵאמֹר כֹּל אֲשֶׁר צִוִּיתָנוּ נַעֲשֶׂה
וְאֶל־כָּל־אֲשֶׁר תִּשְׁלָחֵנוּ נֵלֵךְ · וַיִּשְׁמַע א״· כִּי נִשְׁבָּרָה
לו״ ט״· וַיָּרֶק אֶת הַנְּעָרִים אֲשֶׁר לוֹ וַיִּרְדְּפֵם עַד חוֹבָה ·
8 יִלְבָּשָׁם הַכֹּהֵן אֲשֶׁר יָבוֹא אֶל אֹהֶל מוֹעֵד לְשָׁרֵת
בַּקֹּדֶשׁ ·

N° 42. — T. XVIII.

1 וַיִּגַּע כִּי וַיַּעֲמִידֵנִי עַל עָמְדִי · מִי שָׂמְךָ לְאִישׁ שַׂר
וְשֹׁפֵט הַלְהָרְגֵנִי אַתָּה אֹמֵר כַּאֲשֶׁר הָרַגְתָּ אֶת הַמִּצְרִי ·
כְּשָׁמְעֲךָ קוֹל הַצְּעָדָה תֶּחֱרַץ כִּי אָז יָצָא ה״· לְהַכּוֹת
בָּם · וַיָּבוֹא א״· עַד הַמִּגְדָּל וַיִּגַּשׁ עַד פֶּתַח הַמִּגְדָּל
לְשָׂרְפוֹ בָּאֵשׁ · וַיֵּהָפֵךְ לְבַב מ״· אֶל הָעָם לֵאמֹר מַה
זֹּאת עָשִׂינוּ כִּי שִׁלַּחְנוּ אוֹתָם מֵעָבְדֵנוּ · וְהָיָה
בְּעָבְרְכֶם אֶת הַיַּרְדֵּן תָּקִימוּ אֶת הָאֲבָנִים הָאֵלֶּה אֲשֶׁר
אָנֹכִי מְצַוֶּה אֶתְכֶם הַיּוֹם בְּהַר עֵיבָל · 2 וְהָיָה
בַּאֲכָלְכֶם מִלֶּחֶם הָאָרֶץ תָּרִימוּ תְרוּמָה לַה״· כָּל זֹאת
נִהְיְתָה לָהֶם בְּעָזְבָם אֶת הָאֱלֹהִים · 3 וּמֵעֵץ הַדַּעַת
טוֹב וָרָע לֹא תֹאכַל מִמֶּנּוּ כִּי בְּיוֹם אֲכָלְךָ מִמֶּנּוּ מוֹת

תָּמוּת · 4 וַתָּקָם הַצְּעִירָה וַתִּשְׁכַּב וְלֹא יָדַע בְּשִׁכְבָהּ
וּבְקוּמָהּ · 5 בְּקֻצְרְכֶם אֶת קְצִיר הָאָרֶץ לֹא תְכַלֶּה
פְּאַת הַשָּׂדֶה · 6 וְהָיָה כְּקָרָבְכֶם אֶל הַמִּלְחָמָה וְנִגַּשׁ
הַכֹּהֵן וְדִבֶּר אֶל הָעָם · · · 7 וַיְצַו גַּם אֶת הַשֵּׁנִי גַּם
אֶת הַשְּׁלִישִׁי · · לֵאמֹר כַּדָּבָר הַזֶּה תְּדַבְּרוּ אֶל עֵשָׂו
בְּמֹצַאֲכֶם אוֹתוֹ · 8 וַיִּשְׂאוּ אֶת יוֹנָה וַיְטִלֻהוּ אֶל הַיָּם
וַיַּעֲמֹד הַיָּם מִזַּעְפּוֹ ·

No 43. — T. XVIII, 1-5.

1 כָּל־אִישׁ אֲשֶׁר יִגַּע בַּחֲלַל חֶרֶב אוֹ בְּמֵת אוֹ בְּעֶצֶם
אָדָם אוֹ בְקֶבֶר יִטְמָא · 2 וְלִבְנֵי יִשְׂרָאֵל לֹא יֶחֱרַץ
כֶּלֶב לְשׁוֹנוֹ · 3 הֲלֹא עַצְמִי וּבְשָׂרִי אָתָּה · 4 נִשְׁפַּךְ
לָאָרֶץ כְּבֵדִי · · · בֵּעָטֵף עוֹלֵל וְיוֹנֵק בִּרְחֹבוֹת קִרְיָה ·
5 כַּסְפְּךָ וּזְהָבְךָ לִי הוּא · אֵין בַּמָּוֶת זִכְרֶךָ בִּשְׁאוֹל מִי
יוֹדֶה־לָּךְ · 7 רֹעֶה הָיָה עַבְדְּךָ בַּצֹּאן וּבָא הָאֲרִי וְנָשָׂא
שֶׂה מֵהָעֵדֶר וְיָצָאתִי וְהִכִּתִיו וְהֶחֱזַקְתִּי בִּזְקָנוֹ וַהֲמִתִּיו
8 טוֹבִים הַשְּׁנַיִם מִן הָאֶחָד כִּי אִם יִפֹּלוּ הָאֶחָד יָקִים

אֶת חֲבֵרוֹ · 9 וַיֹּאמֶר אֱלֹהִים תַּדְשֵׁא הָאָרֶץ דֶּשֶׁא
עֵשֶׂב מַזְרִיעַ זֶרַע אֲשֶׁר זַרְעוֹ בוֹ · 10 הִגִּידוּ הַשָּׁמַיִם
צִדְקוֹ וְרָאוּ כָל־הָעַמִּים כְּבוֹדוֹ · 11 כְּרֹעֶה עֶדְרוֹ יִרְעֶה
בִּזְרֹעוֹ יְקַבֵּץ טְלָאִים וְעָלוֹת יְנַהֵל · 12 וַיֹּאמֶר לַמַּלְאָךְ
לְהָשִׁיב חַרְבּוֹ אֶל נְדָנָהּ · 13 וַיְהִי בְּעֵת לִדְתָּהּ וְהִנֵּה
תְאוֹמִים בְּבִטְנָהּ · 14 וְאֶת כָּל חֶלְבָּהּ יָסִיר כַּאֲשֶׁר
יוּסַר חֵלֶב הַכֶּשֶׂב מִזֶּבַח הַשְּׁלָמִים · 15 וַנִּצְעַק אֶל ה׳
וַיַּרְא אֶת עֲמָלֵנוּ וְאֶת לַחֲצֵנוּ וַיּוֹצִיאֵנוּ מִשָּׁם · 16 אֶת
הַדְּבָרִים הָאֵלֶּה דַּבֵּר אֶל כָּל־קְהַלְכֶם · 17 וְהִשִּׂיג
לָכֶם דַּיִשׁ אֶת בָּצִיר ·· וַאֲכַלְתֶּם לַחְמְכֶם לָשֹׂבַע ·
18 אֶת הַגְּלָלִים אֲשֶׁר עָשׂוּ מַלְכֵי יְהוּדָה שָׂרַף וְהִשְׁלִיךְ
אֶת עֲפָרָם אֶל הַנַּחַל · 19 וַיִּשְׂאוּ הַלְוִיִּם אֶת אֲרוֹן
הָאֱלֹהִים עַל כִּתְפָּם כַּאֲשֶׁר צִוָּה לָהֶם מ׳ · 20 וַיִּשָּׂא
הָעָם אֶת בְּצֵקוֹ טֶרֶם יֶחְמָץ עַל שִׁכְמָם ·

N° 44. — T. XVIII, 1–5.

1 וַיְנַגַּע ה׳ אֶת פ׳ נְגָעִים גְּדוֹלִים · חֶרֶב פְּתָחוּ

רְשָׁעִים וְדָרְכוּ קַשְׁתָּם ·· לִטְבֹּחַ יִשְׁרֵי לֵב · 2 יָרֹנּוּ
וְיִשְׂמְחוּ חֲפֵצֵי צִדְקִי · 3 קְרוֹבַי מֵרָחוֹק עָמָדוּ · 4 אִם
בִּדְרָכַי תֵּלֵךְ וְגַם תִּשְׁמֹר אֶת חֲצֵרַי וּמִלֵּאתִי אֶת דְּבָרַי
אֲשֶׁר דִּבַּרְתִּי לְאֵל · 5 וְזָכַרְתִּי אוֹתְךָ וִיתוֹמֶיךָ אֲרַחֵם ·
6 עֲבָדֶיךָ מֻכִּים בְּלֹא דָבָר · 7 דְּרָכָיו רָאִיתִי
וְאֶרְפָּאֵהוּ וַאֲשַׁלֵּם נִחוּמִים לוֹ וְלַאֲבֵלָיו · 8 הֱבִיאַנִי
הַמֶּלֶךְ חֲדָרָיו · 9 וְהִפְשִׁיט אֶת הַכִּשְׂבָּה וְנִתַּח אוֹתָהּ
לִנְתָחֶיהָ · 10 וַיֹּאמֶר בִּנְעָרֵינוּ וּבִזְקֵנֵינוּ נֵלֵךְ כִּי חַג
ה״ לָנוּ · 11 לָמָּה לִי רֹב זִבְחֵיכֶם אָמַר ה״ · 12 וַיִּקַּח
אֶת כָּל הַחֵלֶב אֲשֶׁר עַל הַקֶּרֶב וְאֶת יוֹתֶרֶת הַכָּבֵד
וְאֶת חֶלְבֵּיהֶן וַיַּקְטִירֵם ·

SUPPLÉMENT.

1 וְהָיָה אִם יֹאמַר נְקֻדִּים יִהְיֶה שְׂכָרֶךָ וְיָלְדוּ כָל הַצֹּאן
נְקֻדִּים · 2 לֹא תְבַשֵּׁל גְּדִי בַּחֲלֵב הָאֵם · 3 אַרְבָּעָה
הֵם קְטַנֵּי אָרֶץ וְהֵם חֲכָמִים מְחֻכָּמִים · 4 ··· שְׁפַנִּים
עַם לֹא עָצוּם מְשִׂימִים בַּסֶּלַע שִׁבְתָּם · 5 וַתָּרָץ שֵׁנִית

אֶל הַבְּאֵר וַתִּשְׁאַב גַּם לִגְמַלָּיו · 6 וַיִּקַּח שֵׁ״ם וָיֶ״ אֶת
הַשִּׂמְלָה וַיָּשִׂימוּ עַל שְׁכֶם שְׁנֵיהֶם וַיֵּלְכוּ ··· 7 אָכַלְתִּי
יַעְרִי עִם דִּבְשִׁי · 8 בּוֹא בַּחֲדָרֶךָ וּסְגֹר דְּלָתֶךָ ·
9 וַיַּרְא כִּי לֹא יָכֹל לוֹ וַיִּגַּע בְּכַף יְרֵכוֹ וַתֵּקַע כַּף יֶרֶךְ
יַעֲקֹ״ב · 10 אִם יִהְיֶה בְּאִישׁ חֵטְא ··· וְהֻגַּד לְךָ אַל
תִּשְׁפֹּט אוֹתוֹ טֶרֶם שָׁמְעֲתוֹ ·

Nº 45. — T. XVIII, 6-14.

1 שְׁמוּאֵל הַנַּעַר חָגוּר אֵפוֹד בַּד · 2 הָקִימוּ שֹׁמְרִים
וְהָכִינוּ אֹרְבִים כִּי זָמַם וְגַם עָשָׂה אֵת אֲשֶׁר דִּבֶּר עַל
יֹשְׁבֵי בָבֶ״ל · אִישׁ כִּי יָמוּךְ וּמָכַר שָׂדֵהוּ אוֹ כֶּרֶם וּבָא
גֹּאֲלוֹ הַקָּרֹב לוֹ וְגָאַל לוֹ · כִּי תִפְגַּע שׁוֹר אֹיִבְךָ אוֹ
חֲמֹרוֹ תֹּעֶה בַּדֶּרֶךְ הָשֵׁב תְּשִׁיבֶנּוּ לוֹ · 3 יָדְךָ בְּעֹרֶף
אוֹיְבֶיךָ · יָדַעְתִּי אֶת עָרְפְּךָ הַקָּשֶׁה · וְעָשִׂיתָ אוֹתוֹ
אַמָּתַיִם אָרְכּוֹ וְאַמָּה רָחְבּוֹ · וְזֹאת תּוֹרַת הַמִּנְחָה
בְּהַקְרֵב אוֹתָהּ הַכֹּהֵן וְהֵרִים מִמֶּנָּה בְּקֻמְצוֹ מִסָּלְתָּהּ
וּמִשַּׁמְנָהּ · הַחֹדֶשׁ הַזֶּה לָכֶם רֹאשׁ חֳדָשִׁים לְכֹל

חָדְשֵׁי הַשָּׁנָה · חָדְשֵׁיכֶם ·· שָׂנְאָה נַפְשִׁי הָיוּ לִי לָטֹרַח
נִלְאֵיתִי נְשֹׂא · 4 לֹא יָנוּחַ שֵׁבֶט הָרֶשַׁע עַל גּוֹרַל
הַצַּדִּיקִים · יִפְתַּח לְךָ אֶת אוֹצָרוֹ הַטּוֹב לָתֵת לְךָ
מְטַר אַרְצְךָ · 5 וְהָאֲנָשִׁים הֵבִיאוּ נֶזֶם וְכוּמָז זָהָב
וָכֶסֶף ·· 6 מַלֵּא שְׁבֻעַ זֹאת וְנִתֵּן לְךָ גַּם אֶת זֹאת ·
וַיִּהְיוּ הָאָדָם וְאִשְׁתּוֹ עֲרוּמִּים וְלֹא יִתְבֹּשָׁשׁוּ · 7 כָּל
כְּלִי פָתוּחַ אֲשֶׁר אֵין צָמִיד פָּתִיל לוֹ טָמֵא הוּא ·
וַיֹּאמֶר מָה אֶתֶּן לָךְ וַתֹּאמֶר חוֹתָמְךָ וּפְתִילֶךָ ·
8 וַיַּשְׁכֵּם אֲ״ בַּבֹּקֶר וַיַּשְׁקֵף עַל פְּנֵי סְ״ם וַיַּרְא וְהִנֵּה
עָלָה קִיטוֹר הָאָרֶץ כְּקִיטוֹר הַכִּבְשָׁן ·

N° 46. — T. XIX, 2me classe.

1 וַיְהִי לִשְׁלֹמֹה שִׁבְעִים אֶלֶף נֹשֵׂא סַבָּל וּשְׁמֹנִים אֶלֶף
חֹצֵב בָּהָר · בְּיוֹם הַשַּׁבָּת תַּקְרִיבוּ שְׁנֵי כְבָשִׂים
תְּמִימִים קָרְבַּן שַׁבַּת בְּשַׁבַּתּוֹ · שִׁירוּ לַה׳ כִּי גָאָה כִּי
בָא סוּס פַּרְעֹה רִכְבּוֹ וּפָרָשָׁיו בַּיָּם · בָּנִים כֶּחָשִׁים
הֵם לֹא אָבוּ שְׁמֹעַ בְּתוֹרַת ה׳ · 2 הֵקִיצוּ שִׁכֹּרִים

DIX-NEUVIÈME TABLEAU.

DEUXIÈME CLASSE.

FLEXION ET FORMATION DES SUBST. DÉRIVÉS DE LA TROISIÈME CONJ. DES V. INTÈGRES.

Pluriel duel.			9.	8.	7.	6.	5.	4.	3.	2.	1.
בֶּרֶךְ	דֶּלֶת	כָּנָף	מִפְקָד	פֶּקֶד	פִּקּוּד	פִּקּוּד	פִּקִּיד	פִּקֵּד	פִּקֵּד	פִּקּוּד	פַּקָּד
בִּרְכַּיִם	דְּלָתַיִם	כְּנָפַיִם	מְרַגֵּל	סֶבֶל	אַלּוּף	בִּכּוּר	אַדִּיר	אִלֵּם	אִפֵּר	גִּבּוֹר	גַּנָּב , חָרָשׁ
בִּרְכֵּי	דַּלְתֵי	כַּנְפֵי	-	סֵבֶל	-	-	-	-	אִפֵּר	-	גַּנַּב , גַּחַל
בִּרְכֵּי	דַּלְתֵי	כַּנְפֵּי	מְרַגְּלִים	סַבָּלִים	אַלּוּפִים	בִּכּוּרִים	אַדִּירִים	אִלְּמִים	אִפְּרִים	גִּבּוֹרִים	גַּנָּבִים
Les autres duels comme le plur. ord.			מְרַגְּלֵי	סַבָּלֵי	אַלּוּפֵי	בִּכּוּרֵי	אַדִּירֵי	אִלְּמֵי	אִפְּרֵי	גִּבּוֹרֵי	גַּנָּבֵי , חָרָשֵׁי

דְּבַשׁ 4. שְׁכֶם g. 4. דְּנַג 10. רֹאשׁ 9. חָמִיךְ 8. g. שַׂעַר 6. חֵטְא 5. כָּתֵף 4. בְּאֵר 3. כְּרָב 2. בְּכוֹר 1. Sup. de la première classe.

Voy. *Guide.* שִׁבְתּוֹ Sup. de la deuxième classe.

SUITE.

TROISIÈME CLASSE.

FLEXION DES SUBST. FÉM. DÉRIVÉS DES VERBES INT. FINALE ה MONOSS. ET DOUBLEL.

12.	11.	10.	9.		8.		7.	6.	5.	4.		3.	2.	1.
סַבָּה	שַׁבָּה	גֻּלָּה	פַּקָּדִית	פַּקָּדוּת	פְּקֻדָּה		פֹּקֶדֶת	פִּקְדָה	פִּקְּדָה	פְּקֵדָה		פְּקִידָה	פְּקֻדָּה	פְּקוּדָה
חַלָּה	זָרָה	שָׁנָה	אַחֲרִית	מַלְכוּת	יַבָּשָׁה	בַּקָּשָׁה	כְּתֹנֶת	חָכְמָה	אֱמוּנָה	בְּהֵמָה	אֲבֵדָה	גְּבִירָה	נְקָמָה	חֲגוֹרָה
חַלַּת	זָרַת	שְׁנַת	»	»	יַבֶּשֶׁת	־שַׁת •	כְּתֹנֶת	־מַת	אֱמוּנַת	בֶּהֱמַת	־דַת	גְּבֶרֶת	נִקְמַת	־רַת
חַלָּתִי	זָרָתִי	שְׁנָתִי	־תִי	־תִי	יַבֶּשְׁתִּי	־שָׁתִי	כְּתָנְתִּי	־מָתִי	אֱמוּנָתִי	בְּהֶמְתִּי	־דָתִי	־בִרְתִּי	־מָתִי	־רָתִי
חַלּוֹת	זָרוֹת	שָׁנוֹת	־»	מַלְכֻיּוֹת	חַטָּאוֹת	בַּקָּשׁוֹת	כֻּתָּנוֹת	חָכְמוֹת	אֲרֻחוֹת	בְּהֵמוֹת	גְּזֵלוֹת	גְּבִירוֹת	נְקָמוֹת	חֲגוֹרוֹת
»	זָרוֹת	שְׁנוֹת	»	»	חַטְּאוֹת	בַּקְשׁוֹת	כָּתְנוֹת	»	»	בַּהֲמוֹת	»	»	נִקְמוֹת	»
		שְׁנוֹתֵיכֶם											נִקְמוֹתֵיכֶם	

voy. Guide. 10. *voy. G.* 9. חַטָּאת – חַטָּאָה 8 אֱמֻנָתִי ; אֱמֻנַת 5 נִבְלָתִי ; נִבְלַת 4 נְגִינָתִי ; נְגִינַת 3

וּבְכוּ הֵילִילוּ כָּל שֹׁתֵי יַיִן עַל עָסִיס כִּי נִכְרַת מִפִּיכֶם ·
תְּהוֹם אֶל תְּהוֹם קוֹרֵא לְקוֹל צִנּוֹרֶיךָ · 3 ·· מִי יָשׂוּם
אִלֵּם אוֹ חֵרֵשׁ פִּקֵּחַ אוֹ עִוֵּר הֲלֹא אָנֹכִי · וַיֹּאמֶר דָ״
כָּל מַכֵּה יְבוּסִי וְיִגַּע בַּצִּנּוֹר וְאֶת הַפִּסְחִים וְאֶת הָעִוְרִים
שְׂנוּאֵי נַפְשִׁי כִּכַּר זָהָב טָהוֹר אֶתֵּן לוֹ · 4 וְעָמְדוּ זָרִים
וְרָעוּ צֹאנְכֶם וּבְנֵי נֵכָר אִכָּרֵיכֶם וְכֹרְמֵיכֶם · 5 וְיוֹסֵף
הַשַּׁלִּיט עַל הָאָרֶץ הוּא הַמַּשְׁבִּיר לְכָל־עַם הָאָרֶץ ·
הִנֵּה ה״ מֵבִיא עַל אַרְצְךָ עָרִיצֵי גוֹיִם וְהֵרִיקוּ חַרְבָּם
עַל יוֹשְׁבָיו · 6 אַתָּה רַחוּם וְחַנּוּן אֶרֶךְ אַפַּיִם וְרַב חֶסֶד
וֶאֱמֶת סְלַח נָא לָהֶם · וַיִּבְחַר לוֹ דָ״ חַלּוּקֵי אֲבָנִים
מִן הַנַּחַל וַיָּשֶׂם אוֹתָם בַּיַּלְקוּט וְקַלְעוֹ בְיָדוֹ וַיִּגַּשׁ אֶל
הַפְּלִשְׁתִּי · וַיְהִי בְּיַחֵם הַצֹּאן וָאֵרֶא בַּחֲלוֹם וְהִנֵּה
הָעַתּוּדִים הָעֹלִים עַל הַצֹּאן עֲקֻדִּים נְקֻדִּים וּבְרֻדִּים ·
7 אִם הַקְרִיב בִּכּוּרִים לַה״ אָבִיב קָלוּי בָּאֵשׁ תַּקְרִיב
אֶת בִּכּוּרֶיךָ · כִּי כָאָרֶץ תּוֹצִיא צִמְחָהּ וּכְגַנָּה זֵרוּעֶיהָ
תַצְמִיחַ כֵּן יַצְמִיחַ צְדָקָה בְּקִרְבְּכֶם · 8 בָּרְכוּ ה״ כָּל־
צְבָאָיו מְשָׁרְתָיו עֹשֵׂי חֶפְצוֹ ·

N° 47. — T. XX, 1-5.

1 וַיְהִי אַחַר הַדְּבָרִים הָאֵלֶּה חָטְאוּ הוּא וְהָאֹפֶה לְמֶלֶךְ
מִצְרַיִם וַיִּקְצֹף פַּ״ עַל סָרִיסָיו עַל אֵלֶּה וְעַל הָאֹפִים
הַנִּשְׁאָרִים · בָּרוּךְ אַ״ וּבָרוּךְ אֵל עֶלְיוֹן קֹנֵה שָׁמַיִם
וָאָרֶץ ··· אַל נָא תְהִי מְרִיבָה בֵּין רֹעַי וּבֵין רֹעֶיךָ ·
2 וַתָּבוֹא הַיּוֹנָה לְעֵת עֶרֶב וְהִנֵּה עֲלֵה זַיִת טָרָף
בְּפִיהָ · כִּי יַבְעֶר אִישׁ שָׂדֶה אוֹ כֶרֶם וְשִׁלַּח אֶת
בְּעִירוֹ וּבִעֵר בִּשְׂדֵה אַחֵר מֵיטַב שָׂדֵהוּ וּמֵיטַב כַּרְמוֹ
יְשַׁלֵּם · וְעָשִׂיתָ אוֹתָהּ זָהָב טָהוֹר יְרֵכָהּ וְקָנָהּ גְּבִיעֶיהָ
וּפְרָחֶיהָ מִמֶּנָּה יִהְיוּ · שִׁשָּׁה קָנִים יֹצְאִים מִמֶּנָּה
שְׁלֹשָׁה קְנֵי מְנֹרָה מִצַּד הָאֶחָד וּשְׁלֹשָׁה קְנֵי מְנֹרָה
מִצַּד הַשֵּׁנִי · אַתֶּם תִּהְיוּ כָּאֵלֶּה נִבְלֹת עָלֶיהָ ·
3 לֶחֶם וְקָלִי לֹא תֹאכַל עַד הַיּוֹם הַהוּא · הוּא יָדִין
אֶת הָעָם בְּצֶדֶק וַעֲנִיֶּיךָ בְמִשְׁפָּט · 4 גַּם כָּל־חֳלִי וְכָל־
נֶגַע אֲשֶׁר לֹא כָתוּב בְּסֵפֶר הַזֶּה יָשִׁיב בְּךָ עַד הִשָּׁמְדָךְ ·
חָלָה בֶּן הָאִשָּׁה וַיְהִי חָלְיוֹ חָזָק מְאֹד עַד אֲשֶׁר לֹא
נוֹתְרָה בוֹ נְשָׁמָה · וַתַּהַר וַתֵּלֶד בֵּן וַתִּקְרָא לוֹ רְ״ כִּי

VINGTIÈME TABLEAU.

QUATRIÈME CLASSE.

FLEXION DES SUBST. DÉRIVÉS DES VERBES FINALE ה MONOSSYLLLAB. ET DOUBLELETTRES.

17.	16.	15.	14.	13.	12.	11.	10.	9.		8.	7.	6.		5.		4.	3.	2.	1.
סֹב	סֵב	סָב	שׁוּב	שׁוֹב	שֵׁב	שֵׁב	שָׁב	גֶּה		גֹּל	גֵּל	גַּל		גְּלִי		גָּלִי	גָּלִי	גָּלָה	גֹּלֶה
חֹק ; עֹז	אֵם	גַּל ; פַּת	אוֹר	אָוֶן	גֵּר	אַיִל	זָר	פֶּה,	שֶׂה	יוֹם	בֵּן, עֵץ	אָח	דָּם	גְּדִי	כְּלִי	° עָנִי	עָנִי	שָׂדֶה	רֹעֶה
חֹק	»	»	»	אוֹן		אֵיל		פִּי ;	שֵׂה			אֲחִי	דַּם				עֲנִי	שְׂדֵה	רֹעֵה
חֻקִּי ; עֻזִּי	אִמִּי	גַּלִּי ; פִּתִּי	–	אוֹנִי	גֵּרִי	אֵילִי	זָרִי	פִּי,		יוֹמִי	בְּנִי	אָחִי	דָּמִי		כֶּלְיִי	עָנְיִי	עֲנִיִּי	שָׂדִי	רֹעִי
»	»	»	»	»	»	»	»	פִּיךָ ;	שֵׂיךָ	»	בִּנְךָ	אָחִיךָ	° דָּמְךָ	הֲלִיךְ	»	»	..	שָׂדְךָ	רֹעֲךָ
עֻזּוֹ	»	»	»	»	»	»	»	° פִּיו ;	שֵׂיו	»	בְּנוֹ	אָחִיו*	דָּמוֹ	לְחָיו		»	»	שָׂדֵהוּ	רֹעֵהוּ
חֻקִּים	חִצִּים	גַּלִּים ; פִּתִּי	»	אוֹנִים	»	אֵילִים	זָרִים	פִּים		יָמִים	בָּנִים, עֵצִים	אַחִים	דָּמִים	גְּדָיִים	כֵּלִים	חֳלָיִים	עֲנִיִּים	שָׂדִים	רֹעִים
חֻקֵּי	חִצֵּי	״לֵי ; ״תֵי	»	אוֹנֵי	גֵּרֵי	אֵילֵי	זָרֵי	° פִּיהוּ		יְמֵי	בְּנֵי	אֲחֵי	דְּמֵי	גְּדָיֵי	כְּלֵי	חֶלְיֵי	״יֵי	שְׂדֵי	רֹעֵי
חֻקַּי	חִצַּי	גַּלַּי, פִּתַּי		אוֹנַי	״רַי,	״לַי	זָרַי	° פִּיכֶם		יָמַי	בָּנַי, עֵצַי	אַחַי	יָדַי	לְחָיַי	כֵּלַי	״יַי	״יַי	שָׂדַי	רֹעַי
חֻקָּיו	חִצֶּיהָ	גַּלָּיו	»	אוֹנֵיהֶם	גֵּרֵיכֶם	אֵילֶיהָ	זָרָיו	° פִּיהֶם		יָמֵינוּ	בְּנֵיהֶם	אֶחָיו	יְדֵיכֶם	לְחָיָיו	כֵּלֵינוּ		עֲנִיֶּיךָ	שָׂדֵינוּ	רֹעֶיךָ

11 אַיִן · אֵין · אֵינֶנִּי · אֵינֶנּוּ ; בַּיִת ; בָּתִּים · 12 אֵת · *voy.* Ier *Tabl.* 14 עוֹד, עוֹדִי, עוֹדֶנִי, עוֹדֶנּוּ · 16 מִן, מִמֶּנִּי *Voy.* Ier *Tabl.*

אמרה ראה ה״ בעניי כי עתה יאהבני יעקב ·
ויכהו ה״ בחליים נאמנים · 5 והיה (הצדיק) כעץ
שתול על פלגי מים פריו יתן בעתו ועלהו לא יבל ·
כי תצא למלחמה על אויביך ונתנו ה״ בידך ושבית
שביו ··· הורד עליך וארע מה אעשה לך · אתם
תתחטאו כל הרג נפש וכל־נגע בחלל אתם ושביכם ·
שא נא כליך תליך וקשתך וצא השדה וצוד לי ·
6 דבר נא באזניהם וישאלו איש מאת רעהו כלי
כסף וכלי זהב · ויהיו שם יע״ וע״ וע״ קל רגלים
כאחד הצביים אשר בשדה · מה נאוו לחייך
בתורים צוארך בחרוזים · וישלח מהשלל לזקני
יהודה רעיהו לאמר : הנה לכם ברכה משלל
אויביכם ·

№ 48. — T. XX, 6–9.

1 והוה יהיה לאב המון גוים · וירא ח״ אבי כ״ את
ערות אביו ויגד לשני אחיו בחוץ · ויקח ש״ וי״ את
השמלה וישימו על שכם שניהם וילכו ··· ויכסו את

עֶרְוַת אֲבִיהֶם · הִיא מוּצֵאת וְהִיא שָׁלְחָה אֶל חָמִיהָ
לֵאמֹר לָאִישׁ אֲשֶׁר אֵלֶּה לּוֹ אָנֹכִי הָרָה · וַיֹּאמֶר א׳
אֶל ל׳ אַל נָא תְהִי מְרִיבָה בֵּין רֹעַי וּבֵין רֹעֶיךָ כִּי
אַחִים אֲנַחְנוּ · וַיְהִי בַיּוֹם הַהוּא בִּהְיוֹתָם כֹּאֲבִים
וַיִּקְחוּ שְׁנֵי בְנֵי יַ׳ אֲחֵי ד׳ אִישׁ חַרְבּוֹ וַיָּבֹאוּ עַל הָעִיר
בֶּטַח וַיַּהַרְגוּ כָּל־זָכָר · ·· אַל נָא אַחַי תָּרֵעוּ ··· מַה
מָּצָאתָ בְּכָל כְּלֵי שִׂים נָא כֹה נֶגֶד אַחַי וְאַחֶיךָ וְיוֹכִיחוּ
בֵּין שְׁנֵינוּ · בּ׳ כִּזְאֵב יִטְרֹף בַּבֹּקֶר יֹאכַל עַד וְלָעֶרֶב
יְחַלֵּק שָׁלָל · כָּל חֵלֶב וְכָל דָּם לֹא תֹאכֵלוּ · אַחַר
יָצָא אָחִיו אֲשֶׁר עַל יָדוֹ הַשָּׁנִי · 2 ה׳ ··· יְבָרֵךְ אֶת
הַנְּעָרִים וְיִקָּרֵא בָהֶם שְׁמִי וְשֵׁם אַ׳ וְיִ׳ וְיִדְגּוּ בְּקֶרֶב
הָאָרֶץ · לֹא יַעֲ׳ יִקָּרֵא שִׁמְךָ כִּי אִם יִשְׂ׳ יִהְיֶה שְׁמֶךָ ·
3 מִי שָׂם פֶּה לָאָדָם אוֹ מִי יָשׂוּם אִלֵּם הֲלֹא אָנֹכִי ·
אֶעֱבֹר בְּכָל צֹאנְךָ לְהָסֵר מִשָּׁם כָּל־שֶׂה נָקֹד וְטָלוּא ·
קַח לִי שֶׂה כְּבָשִׂים · וַיִּפְתַּח ה׳ אֶת פִּי הָאָתוֹן וַתֹּאמֶר
לְבִ׳ מֶה עָשִׂיתִי לְךָ כִּי הִכִּיתַנִי זֶה שָׁלֹשׁ רְגָלִים ·
לֹא תִרְאֶה אֶת שׁוֹר אוֹיִבְךָ אוֹ אֶת שֵׂיוֹ נִדָּחִים

וְהִתְעַלַּמְתָּ מֵהֶם · וַיָּבוֹאוּ אֶל הַיַּעַר וְהִנֵּה הֵלֶךְ דְּבַשׁ
וְאֵין מַשִּׂיג יָדוֹ אֶל פִּיו כִּי יָרְאוּ דְּבַר הַמֶּלֶךְ · אַחֲרֵי
כֵן פָּתַח א״ אֶת פִּיהוּ וַיְקַלֵּל אֶת יוֹמוֹ ·
4 וַיְדַבֵּר ש״ עַל הַדָּגִים וְעַל הָעֵצִים מִן הָאֶרֶז ·· וְעַד
הָאֵזוֹב · וְעַל כָּל־עֲצֵי הַיַּעַר · וַיְהִי מִיָּמִים יְמֵי קְצִיר
הַשְּׂעוֹרִים בְּצֵאתָם הַשָּׂדֶה וַיָּקָם ז״ עַל ג״ אָחִיו
וַיַּהַרְגֵהוּ · ·· וַיֹּאמֶר לוֹ אָבִיו מֶה עָשִׂיתָ דְּמֵי אָחִיךָ
צֹעֲקִים אֵלַי מִן הָאֲדָמָה · וַאֲנִי שָׁכַלְתִּי מִבָּנִים וְיָרַדְתִּי
אֲלֵיהֶם אָבֵל שְׁאֹלָה ·

N° 49. — T. XX, 10-17.

1 צֹרֵר מַיִם בְּעָבָיו וּמַמְטִיר עַל הָאָרֶץ · 2 וְאֵד יַעֲלֶה
מִן הָאָרֶץ וְהִשְׁקָה אֶת פְּנֵי הָאֲדָמָה · אַתָּה ה״ תָּאִיר
נֵרִי אֱלוֹהַּ יַגִּיהַּ חָשְׁכִּי · 3 נֵרוֹ עֲלֵי רֹאשִׁי לְאוֹרוֹ אֵלֵךְ
חֹשֶׁךְ · 4 וְהִשִּׂיג לָכֶם דַּיִשׁ אֶת בָּצִיר וּבָצִיר אֶת
זָרַע · זֵיתִים יִהְיוּ לְךָ בְּכָל גְּבוּלֶיךָ וְשֶׁמֶן לֹא תָסוּךְ
כִּי יִשַּׁל זֵיתֶיךָ · 5 שָׂאוּ נָא חַטָּאִי אַךְ הַפַּעַם וְהַעְתִּירוּ

לֵאלֹהֵיכֶם וְיָסֵר מֵעָלַי רַק אֶת הַמָּוֶת הַזֶּה · הִנֵּה
זָקַנְתִּי לֹא יָדַעְתִּי יוֹם מוֹתִי · וַיִּקַּח לוֹ אֶת כָּל־אֵלֶּה
וַיְבַתֵּר אוֹתָם בַּתָּוֶךְ · וַיֹּאמֶר אֱלֹהִים יְהִי רָקִיעַ בְּתוֹךְ
הַמָּיִם וִיהִי מַבְדִּיל בֵּין מַיִם לָמָיִם ·

6 חַג לַה׳ מָחָר · לֹא תָלִין חֵלֶב חַגִּי עַד הַבֹּקֶר ·
וְשִׁשָּׁה קָנִים יֹצְאִים מִצִּדֶּיהָ שְׁלֹשָׁה קְנֵי מְנֹרָה מִצִּדָּהּ
הָאֶחָד וּשְׁלֹשָׁה מִצַּד הַשֵּׁנִי · 7 לֹא תִטֹּר שִׂנְאָה בְּלֵב ·
אַל תָּשִׁית יָדְךָ עִם רָשָׁע · לֵךְ נָא אֶל הַצֹּאן וְקַח לִי
מִשָּׁם שְׁנֵי גְּדָיֵי עִזִּים טוֹבִים וְאֶעֱשֶׂה אוֹתָם לְאָבִיךָ ...
וְחִתְּכֶם יִהְיֶה עַל כָּל עוֹף הַשָּׁמַיִם וּבְכֹל אֲשֶׁר תִּרְמֹשׂ
הָאֲדָמָה וּבְכָל דְּגֵי הַיָּם אֲשֶׁר בְּיֶדְכֶם נִתָּנוּ · 8 .. אָבִי
הֶעֱמִיס עֲלֵיכֶם עֹל כָּבֵד וַאֲנִי אוֹסִיף עַל עֻלְּכֶם ·
וַאֲכַלְתֶּם אֶת הַבָּשָׂר בְּמָקוֹם קָדוֹשׁ כִּי חָקְךָ וְחָק בָּנֶיךָ
הִיא מֵאִשֵּׁי ה׳ כִּי כֵן צֻוֵּיתִי ·

9 וַיֹּאמֶר אֲלֵיהֶם שְׁ׳ אֵינֶנּוּ וְ׳ אֵינֶנּוּ וְאֶת בְּ׳ תִּקָּחוּ ·
וַיַּעַן יְהוּ׳ וַיֹּאמֶר אִם אֵינְךָ מְשַׁלֵּחַ אֶת הַנַּעַר אִתָּנוּ לֹא
נֵרֵד ·

N° 50. — T. XIX, 3me classe, 1-4.

1 כִּי יָמוּךְ אָחִיךָ וְנִמְכַּר לָךְ לֹא תַעֲבֹד בּוֹ עֲבֹדַת
עָבֶד · וַיֹּאמֶר מִכֹר כַּיּוֹם אֶת בְּכוֹרָתְךָ לִי · סַפֵּר נָא
לָנוּ אֶת כָּל הַגְּדוֹלוֹת אֲשֶׁר עָשָׂה · שָׁכְבוּ לָאָרֶץ ··
נַעַר וְזָקֵן בְּתוּלֹתַי וּבַחוּרַי נָפְלוּ בֶחָרֶב · אַתָּה הַחִלּוֹתָ
לְהַרְאוֹת אֶת עַבְדְּךָ אֶת גָּדְלְךָ וְאֶת יָדְךָ הַחֲזָקָה
אֲשֶׁר מִי אֵל בַּשָּׁמַיִם וּבָאָרֶץ אֲשֶׁר יַעֲשֶׂה כִגְבוּרוֹתֶיךָ ·
בַּחֲלֹמִי וְהִנֵּה אֲנַחְנוּ מְאַלְּמִים ··· בְּתוֹךְ הַשָּׂדֶה וְהִנֵּה
קָמָה אֲלֻמָּתִי וְגַם נִצָּבָה וְהִנֵּה תְסֻבֶּינָה אֲלֻמֹּתֵיכֶם
וַתִּשְׁתַּחֲוֶיןָ לַאֲלֻמָּתִי · 2 אָהֳלֵיהֶם וְצֹאנָם יִקָּחוּ וְאֶת
יְרִיעוֹתֵיהֶם יִשְׂאוּ לָהֶם · וְהֵם יִשְׂאוּ כְלִמּוֹתָם ·
וַיְסִירֶהָ (אָסָה) מִגְּבִירָה עַל אֲשֶׁר עָשְׂתָה הָרַע בְּעֵינֵי
ה״ · אֲנִי קָצַפְתִּי עַל עַמִּי מְעַט וְאֶתְּנֵם בְּיָדֵךְ וְאַתְּ
הִכְבַּדְתְּ עֻלֵּךְ מְאֹד וַתֹּאמְרִי בִּלְבָבֵךְ לְעוֹלָם אֶהְיֶה
גְּבֶרֶת · וַיֹּאמֶר אֵי מִזֶּה בָאת וְאָנָה תֵלֵכִי וַתֹּאמֶר
מִפְּנֵי שָׂ״ גְּבִרְתִּי אָנֹכִי בֹּרַחַת · 3 יִתֶּן לְךָ ה״ אֶת
בִּרְכַּת אַ״ לְךָ וּלְזַרְעֲךָ אִתָּךְ · עָלַי קִלְלָתֵךְ בְּנִי אַךְ

שְׁמַע בְּקוֹלִי ·   הִנֵּה שִׁפְחָתֵךְ בְּיָדֵךְ עֲשִׂי לָהּ כַּטּוֹב

בְּעֵינָיִךְ ·   וַיִּשְׁמַע אֱלֹהִים אֶת נַאֲקָתָם וַיִּזְכֹּר אֶת אֲשֶׁר

נִשְׁבַּע לָהֶם ·   4 אַתֶּם בְּעַרְתֶּם הַכֶּרֶם גְּזֵלַת הֶעָנִי

בְּבָתֵּיכֶם ·   וּמִי יָצָא בִלְבוּשׁ תְּכֵלֶת וַעֲטֶרֶת זָהָב

גְּדוֹלָה עַל רֹאשׁוֹ ·   וְזָרַח בַּחֹשֶׁךְ אוֹרֶךְ וַאֲפֵלָתְךָ

כַּצָּהֳרָיִם ·   הִיא אִשְׁתְּךָ אֲשֶׁר בָּגַדְתָּ בָּהּ חֲבֶרְתְּךָ

וְאֵשֶׁת בְּרִיתֶךָ ·   5 נֶפֶשׁ כִּי תִגַּע בְּכָל־דָּבָר טָמֵא אוֹ

בְנִבְלַת בְּהֵמָה טְמֵאָה יִטְמָא עַד הָעֶרֶב ··   שֶׁקֶץ

יִהְיוּ לָכֶם מִבְּשָׂרָם לֹא תֹאכֵלוּ וּבְנִבְלָתָם לֹא תִגָּעוּ ·

6 צַדִּיק ה' וּצְדָקוֹת אָהֵב ·   וַיִּסְעוּ מִשָּׁם בְּנֵי יִשְׂ' וַיַּחֲנוּ

בְּעַרְבוֹת מ' מֵעֵבֶר לַנֵּהָד ·   7 עָשִׂיתִי לִי בְּרֵכוֹת מַיִם

לְהַשְׁקוֹת מֵהֶם יַעַר צֹמֵחַ עֵצִים ·   גְּדֵרוֹת צֹאן נִבְנֶה

פֹּה לָנוּ וּלְבָנֵינוּ ·   לֹא תוּכַל לֶאֱכֹל בִּשְׁעָרֶיךָ דְּגָרֶיךָ

וְנִדְבוֹתֶיךָ ·   וּפָרַצְתָּ כָּל גְּדֵרוֹתָיו וְהַחֲרַמְתָּ אֶת

בָּתָּיו ·

Nᵒ 5ı. — T. XXI, 3ᵐᵉ classe, 5-ı2.

1 וַיֵּשְׁבוּ לֶאֱכָל לֶחֶם וַיִּשְׂאוּ עֵינֵיהֶם וַיִּרְאוּ וְהִנֵּה

VINGT-UNIÈME TABLEAU.

FORMATION DES SUBST. HÉB. SUIVANT LEURS DIVERSES DÉRIVATIONS.

CINQUIÈME CLASSE.

Subst. formés avec lettres preposées. א, ה, י, ל, מ, נ, ע, ת.

Fém.	Ex.	Forme.	Numéros.	Dérivation.	Fém.	Ex.	Forme.	Numéros.	Dérivation.
	לאם	לסב	24.	ל Doub.	אזכרה	אכזר	אפקד	1.	א
	לשר	לסב	25.		אצעדה	אזרח	אפקד	2.	
מגבעה	מדבר	מפקד	26.	מ	אשמרה	אפרח	אפקד	3.	Intègres.
מסכנור	מזבח	מפקד	27.			אבטיח	אפקיד	4.	
משקלר	מזמר	מפקוד	28.			איתן	אילד	5.	I. י
מרכלר	מלקח	מפקוד	29.	Intég.	אשפה	ארבה	אגלה	6.	Fin. ה.
מהלומ	מלבוש	מפקיד	30		ארוה		אגלה	7.	
מנגינה	משכיל	מפקיד	31.			אופן	אוגל	8.	m.
מדרגה	מטבח	מפקד	32.			ארון	אשוב	9.	
	מרדף	מפקד	33.			אזק	אסב	10.	d.
מטרד	מטע	מגש	34.	Init. נ	השמעות	השכל	הפקד	11.	ה I.
	מבט	מגש	35.			היכל	הילד	12.	I. י
	משור	מגוש	36.		הכרה		הגש	13.	
משוא	מבול	מגוש	37.			התוך	הגוש	14.	I. נ
	מאזן	מאכל	38.	א	הנחה		השב	15.	mon.
	מדע	מלד	39.		הפוגה		השוב	16.	
מושע	מושב	מולד	40.	Init. י		יצהר	יפקד	17.	Int. י
מועצ	מועד	מולד	41.			ילקוט	יפקוד	18.	
מועד	מוסר	מולד	42.		יענה	יעלה	יגלה	19.	In. ה
	מישר	מילד	43.			יריב	ישיב	20.	mon.
	מישור	מילוד	44.	Fin. ה		יקום	ישוב	21.	
	מקרה	מגלה	45.			יסור	יסוב	22.	d.
מקנ	מקרה	מגלה	46.		אתנה		אגש	23.	א.

QUATRIÈME CLA[SSE]

Subst. radic. formés des ver. fin. ה. m. et d.let.

Fém.	Ex.	For.	Numéros.	Dérivation.	Fém.	Ex.	Forme.	Numéros.
ציה	אי	גי	19.	Finale ה	קבה	חזה	גלה	
אחות	אב	גל	20.		שנה	חזה	גלה	
קבה	בן	גל	21.		הֶהָה	הגה	גלה	
	יום	גל	22.		דמות	רעה	גלה	
רעה	רע	לד	23.	Init. י	עניה	נקי	גלי	
	סוד	לוד	24.		אניה	אני	גלי	6
זרה	זר	שב	25.	Monoss.	שביה	בכי	גלי	7
ערה	ער	שב	26.		הגות	שחו	גלו	8
צירה	ציד	שיב	27.			רתהו	גלו	9
שירה	שיר	שיב	28.			צפוי	גלוי	10
טובה	טוב	שוב	29.			הגיג	גליל	11
עולה°	עול	שוב	30.			שלה	גלה	12
דודה	דוד	שוב	31.		חדוה	ענו	גלו	13
°גנה	גן	סב	32.	Doublelett.	שלוה	שלו	גלו	14
גזה	קץ	סב	33.		חיות	איה	גיה	15
	חין	סיב	34.			אין	גין*	16
חקה	חק	סב	35.			שה	גה	17
	חום	סוב	36.			אי	גי	18

8 Peut aussi bien être F. de 2, [8] צְבִיָּה f. [7] סְאָה f. [4] גֵּבָה
12, etc. Voy. *Guide*, *Observ. étymologiques*. 26. Il ne fa[ut]
pas confondre avec cet exemple עָר. fin ה
son f. avec celui d'init. י. Voy. *G.* צִנָּה 32. עוֹלָה f. 30.

אֹרְחַת יִשׂ׳ בָּאָה מִגִּ׳ וַתִּקַּח גּ׳ אֶת הַיֶּלֶד וַתְּשִׁיתֵהוּ
בְּחֵיקָהּ וַתְּהִי לוֹ לְאֹמֶנֶת · אָרוּר שֹׁכֵב אִם חֹתַנְתּוֹ ·
עֲבָדַי יוֹרִידוּ עֵצִים מִן הַלְּבָנוֹן וַאֲנִי אֲשִׂימֵם דֹּבְרוֹת
בַּיָּם · 2 אֵין אֶ׳ מַגֶּדֶת אֶת עַמָּהּ כַּאֲשֶׁר צִוָּה עָלֶיהָ
מָ׳ כַּאֲשֶׁר הָיְתָה בְּאָמְנָה אִתּוֹ · אָבְדָה חָכְמַת
חֲכָמָיו · כָּל זָכָר אֲשֶׁר יִוָּלֶד לְךָ יִמּוֹל בְּשַׂר עָרְלָתוֹ ·
וְהִזְהַרְתֶּם אוֹתָם מִטֻּמְאָתָם וְלֹא יָמוּתוּ בַּעֲוֹנָם ·
3 מַלְכוּתְךָ מַלְכוּת כָּל עוֹלָמִים · 4 רֵאשִׁית גּוֹיִם עֲ׳
וְאַחֲרִיתוֹ עֲדֵי אֹבֵד · 5 כְּבַקָּרַת רֹעֶה עֶדְרוֹ כֵּן אֲבַקֵּר
אֶתְכֶם · עַוֶּרֶת אוֹ שָׁבוּר אוֹ חָרוּץ אוֹ יַבֶּלֶת לֹא תַקְרִיבוּ
לַה׳ · כִּי יִהְיֶה בַקָּרַחַת אוֹ בַגַּבַּחַת נֶגַע לָבָן צָרַעַת
פֹּרַחַת הִיא בְּקָרַחְתּוֹ אוֹ בְגַבַּחְתּוֹ · 6 וַיְהִי כָל־הָאָרֶץ
שָׂפָה אַחַת וּדְבָרִים אֲחָדִים וַיְהִי בְּהַחִלָּם לִבְנוֹת וַיָּבֶל
ה׳ אֶת שְׂפָתָם אֲשֶׁר לֹא יִשְׁמְעוּ עוֹד אִישׁ שְׂפַת רֵעֵהוּ ·
7 וְאֶת אֵימָתִי אֲשַׁלַּח לְפָנֶיךָ וְהַמֹּתִים · 8 וַיִּקַּח תֶּ׳
אֶת אַ׳ בְּנוֹ וְיִשׂ׳ כַּלָּתוֹ וַיֵּצְאוּ מִשָּׁם · וַיָּבֵא יוֹ׳ אֶת
דִּבָּתָם רָעָה אֶל אֲבִיהֶם · 9 וַיַּעַשׂ אֱלֹהִים לְאָדָם

וּלְאִשְׁתּוֹ כָּתְנוֹת עוֹר וַיַּלְבִּשֵׁם · 10 וְלִבְנֵי אַ׳ תַּעֲשֶׂה
כֻּתֳּנֹת ·

N° 52. — T. XVII, 1re classe.

1 אֵלֶּה בְנֵי חָם לְלְשׁוֹנֹתָם בְּאַרְצוֹתָם בְּגוֹיֵהֶם ·
2 גְּדִילִים תַּעֲשֶׂה לָּךְ עַל אַרְבַּע כַּנְפוֹת בִּגְדְךָ אֲשֶׁר
תְּכַסֶּה בָּהּ · וְלָקַחְתָּ מִדַּם הַפָּר וְנָתַתָּ מִמֶּנּוּ עַל
קַרְנוֹת הַמִּזְבֵּחַ · 3 וְעָשִׂיתָ לָאֵפוֹד שְׁתֵּי כְתֵפוֹת
חֹבְרוֹת · וְאֶת אַבְנֵי הַשֹּׁהַם תָּשִׂים עַל כִּתְפוֹת
הָאֵפוֹד · 4 גָּלָה חָצִיר וְנִרְאָה דֶשֶׁא וְנֶאֶסְפוּ עִשְּׂבוֹת
הָרִים · 5 וְאַתָּה בְנִי דַע אֶת אֱלֹהֵי אָבִיךָ וְעָבְדֵהוּ
בְּלֵבָב שָׁלֵם וּבְנֶפֶשׁ חֲפֵצָה כִּי כָל־הַלְּבָבוֹת דּוֹרֵשׁ ה׳ אִם
תִּדְרְשֶׁנּוּ יִמָּצֵא לָךְ וְאִם תַּעַזְבֶנּוּ יַזְנִיחֲךָ לָעַד · 6 וַיָּנָס
בּ׳ וַיִּרְדְּפוּ אַחֲרָיו וַיֹּאחֲזוּ אוֹתוֹ וַיְקַצְּצוּ אֶת בְּהוֹנוֹת
יָדָיו וְרַגְלָיו · 7 וְנָתַן אַ׳ עַל שְׁנֵי הַשְּׂעִירִם גֹּורָלוֹת
גּוֹרָל אֶחָד לַה׳ · 8 כִּי אַתֶּם בָּאִים אֶל הָאָרֶץ אֲשֶׁר
תִּפֹּל לָכֶם בְּנַחֲלָה אֶרֶץ כְּ׳נַעַן לִגְבוּלֹתֶיהָ ··· 9 נְרַנֵּן
לַה׳ בִּזְמִירוֹת נָרִיעַ לוֹ ·

1 בָּא סוּס פַּ״ בְּרִכְבּוֹ וּבְפָרָשָׁיו בַּיָּם · 2 וְשֵׁם אָחִיו
יוּ״. הוּא הָיָה אֲבִי כָּל תֹּפֵשׂ כִּנּוֹר וְעוּגָב · 3 וַיָּקֶם לָהֶם
מוֹשִׁיעַ אֶת אֵ״ אִישׁ אִטֵּר יַד יְמִינוֹ · 4 וְשָׁם אֶחָד
מֵעַבְדֵי שָׁ״ וּשְׁמוֹ דָ״ אַבִּיר הָרֹעִים אֲשֶׁר לְשָׁ״ · הִנְנִי
מֵבִיא עָלֶיךָ זָרִים עָרִיצֵי גוֹיִם וְהֵרִיקוּ חַרְבוֹתָם עַל
יְפִי חָכְמָתֶךָ וְחִלְּלוּ יִפְעָתֶךָ · 5 אִם תָּשׁוּב יִ״ נְאֻם הַ״
אֵלַי תָּשׁוּב וְאִם־תָּסִיר שִׁקּוּצֶיךָ מִפָּנַי וְלֹא תָנוּד ·
6 אֵלֶּה אַלּוּפֵי הַחֹרִי · 7 וַיִּשְׁלַח מִשָּׁם שְׁנַיִם אֲנָשִׁים
מְרַגְּלִים חֶרֶשׁ לֵאמֹר לְכוּ רְאוּ אֶת הָאָרֶץ · 8 הַחִתֹּתָ
אֶת עֹל סֻבֳּלוֹ ·

1 וְהָיוּ הַכְּרֻבִים פֹּרְשֵׂי כְנָפַיִם סֹכְכִים בְּכַנְפֵיהֶם עַל
הַכַּפֹּרֶת · 2 אַךְ אֶת־זֶה תֹּאכְלוּ מִכֹּל שֶׁרֶץ הָעוֹף
הַהֹלֵךְ עַל־אַרְבַּע אֲשֶׁר לוֹ כְרָעַיִם מִמַּעַל לְרַגְלָיו
לְנַתֵּר בָּהֵן עַל הָאָרֶץ · וְקִרְבּוֹ וּכְרָעָיו יִרְחַץ בַּמַּיִם
וְהִקְטִיר הַכֹּהֵן אֶת הַכֹּל הַמִּזְבֵּחָה ·
3 עֲצַבֵּיהֶם כֶּסֶף וְזָהָב , פְּעֻלַּת יְדֵי אָדָם פֶּה לָהֶם
וְלֹא יְדַבֵּרוּ עֵינַיִם לָהֶם וְלֹא יִרְאוּ אָזְנַיִם לָהֶם וְלֹא

יִשְׁמָעוּ — יְדֵיהֶם וְלֹא יָמִשׁוּ רַגְלֵיהֶם וְלֹא יְהַלֵּכוּ ·
4 וַיֹּאמֶר פַּ״ לַמְיַלְּדוֹת בְּיַלֶּדְכֶן אֶת הָעִבְרִיּוֹת וּרְאִיתֶן
עַל הָאָבְנָיִם אִם בֵּן הוּא וַהֲמִתֶּן אוֹתוֹ וְאִם בַּת הִיא
וָחָיָתָה ·

ה No 53. ן

1 וַיְהִי בְּנָסְעָם מִקֶּדֶם וַיִּמְצְאוּ בִקְעָה בְּאֶרֶץ שׁ״ ·
וַיֹּאמְרוּ אִישׁ אֶל רֵעֵהוּ הָבָה נִלְבְּנָה לְבֵנִים וְנִשְׂרְפָה
לִשְׂרֵפָה וַתְּהִי לָהֶם הַלְּבֵנָה לְאָבֶן וְהַחֵמָר הָיָה לָהֶם
לַחֹמֶר · 2 פַּ״ קָצַף עַל עֲבָדָיו וַיִּתֵּן אֹתִי בְּבֵית
הַסֹּהַר אֹתִי וְאֵת שַׂר הָאֹפִים · וַנַּחַלְמָה חֲלוֹם בְּלַיְלָה
אֶחָד אֲנִי וָהוּא · 3 לָכֵן נְאֻם הָאָדוֹן אֶנָּחֵם מִצָּרַי
וְאִנָּקְמָה מֵאוֹיְבָי · 4 אֵרְדָה־נָּא וְאֶרְאֶה הַכְּצַעֲקָתָהּ
הַבָּאָה אֵלַי עָשׂוּ ׀ כָּלָה וְאִם־לֹא אֵדָעָה · 5 לְכוּ־נָא
וְנִוָּכְחָה אָמַר ה״ אִם יִהְיוּ חֲטָאֵיכֶם כַּשָּׁנִים כַּשֶּׁלֶג
יַלְבִּינוּ אִם יַאְדִּימוּ כַתּוֹלָע כַּצֶּמֶר יִהְיוּ · 6 וַיֹּאמֶר א״
אַל נָא יִחַר לַאדֹנָי וַאֲדַבְּרָה אַךְ הַפַּעַם אוּלַי יַחְסְרוּן
חֲמִשִּׁים הַצַּדִּיקִים חֲמִשָּׁה וַיֹּאמֶר לֹא אַשְׁחִית אִם

יִמָּצְאוּן שָׁם אַרְבָּעִים וַחֲמִשָּׁה · 7 וַיֹּאמֶר א״ אֶל נְעָרָיו
שְׁבוּ־לָכֶם פֹּה עִם־הַחֲמוֹר וַאֲנִי וְהַנַּעַר נֵלְכָה עַד כֹּה
וְנִשְׁתַּחֲוֶה וְנָשׁוּבָה אֲלֵיכֶם · 8 . . . אַסְתִּירָה פָנַי מֵהֶם
וְאֶרְאֶה מָה אַחֲרִיתָם · 9 וַיֹּאמֶר עֵ״ אַצִּיגָה נָא עִמְּךָ
מִן הָעָם אֲשֶׁר אִתִּי וַיֹּאמֶר לָמָּה זֶּה אֶמְצָא נָא חֵן בְּעֵינֵי
אֲדוֹנִי · 10 הִנֵּה אַבִּיעָה לָכֶם רוּחִי אוֹדִיעָה דְבָרַי
אֶתְכֶם · 11 הַ״ הָאֹמֵר אֵלַי שׁוּב לְאַרְצְךָ וּלְבֵית אָבִיךָ
וְאֵיטִיבָה עִמָּךְ הוּא יַנְחֶה אוֹתְךָ בַּדֶּרֶךְ · 12 אָשִׁיבָה
יָדִי עָלַיִךְ וְאֶצְרֹף כַּבֹּר סִגָּיִךְ וְאָסִירָה כָּל־בְּדִילָיִךְ ·
13 מִכְרָה כַיּוֹם אֶת בְּכוֹרָתְךָ לִי · וַיּוֹסֶף עוֹד וַיֹּאמֶר
הִשָּׁבְעָה נָּא לִי וַיִּשָּׁבַע לוֹ וַיִּמְכֹּר אֶת בְּכוֹרָתוֹ לְיַעֲ״ ·
14 וַיֹּאמֶר יִצְ״ אֶל יַעֲ״ גְּשָׁה־נָּא וַאֲמֻשְׁךָ בְּנִי הַאַתָּה זֶה
בְּנִי עֵ״ אִם־לֹא · 15 שָׂא נָא כֵלֶיךָ תֶּלְיְךָ וְקַשְׁתֶּךָ וְצוּדָה
לִי צָיִד · וְהָבִיאָה לִי וְאֹכֵלָה וַאֲבָרֶכְכָה לִפְנֵי מוֹתִי ·
16 עָשִׂיתִי כַּאֲשֶׁר דִּבַּרְתָּ קוּם־נָא שְׁבָה וְאָכְלָה מִצֵּידִי
בַּעֲבוּר תְּבָרֲכַנִּי נַפְשֶׁךָ · הַגִּישָׁה־נָּא לִי וְאֹכֵלָה ·

N° 54. — T. XXI, 4me classe.

1 חֹזֶה לֵךְ בְּרַח לְךָ אֶל אֶרֶץ יְהוּדָה ··· וְשָׁם תִּנָּבֵא ·
הֹוָה אֶל הֹוָה תָּבוֹא וּשְׁמוּעָה אֶל שְׁמוּעָה יִהְיֶה ·
2 וְלָקַחְתָּ אֶת הֶחָזֶה מֵאֵיל הַמִּלֻּאִים וְהֵנַפְתָּ אוֹתוֹ לִפְנֵי
ה׳ וְהָיָה לְךָ לְמָנָה · 3 רְאֵה כָל־גֵּאֶה וְהַכְנִיעֵהוּ ·
יִרְאַת ה׳ שְׂנֹא רָע גֵּאָה וְדֶרֶךְ רָע · 4 וַיַּרְא מ׳ אֶת
הַסְּנֶה בֹּעֵר בָּאֵשׁ וְהַסְּנֶה אֵינֶנּוּ אֻכָּל · כֹּה אָמַר ה׳
כָּעֵת מָחָר סְאָה סֹלֶת בְּשֶׁקֶל וְסָאתַיִם שְׂעוֹרִים בְּשֶׁקֶל
בְּשַׁעַר שֹׁמְרוֹן · 5 מִדְּבַר שֶׁקֶר תִּרְחָק וְנָקִי וְצַדִּיק אַל
תַּהֲרֹג · וַיַּסִּעוּ אֲבָנִים גְּדֹלוֹת אֲבָנִים יְקָרוֹת אַבְנֵי
גָזִית · 6 וָאֳנִי עָשָׂה מֶלֶךְ שׁ׳ בְּעֶצְיוֹן גֶּבֶר · דֶּרֶךְ נֶשֶׁר
בַּשָּׁמַיִם דֶּרֶךְ נָחָשׁ עֲלֵי צוּר וְדֶרֶךְ אֳנִיָּה בְּלֶב יָם ·
7 וַיִּבְכּוּ אֶת מ׳ בְּעַרְבוֹת מ׳ שְׁלֹשִׁים יוֹם וַיִּתְּמוּ יְמֵי
בְכִי · אֵבֶל מ׳ · וַיִּכְרְתוּ שְׁנֵיהֶם בְּרִית · 8 וַיַּחֲלֹם פ׳
וְהִנֵּה שֶׁבַע פָּרוֹת עֹלוֹת מִן הַיְאֹר וַתִּרְעֶינָה בָּאָחוּ ·
חָזוּת קָשָׁה הֻגַּד לִי · 9 נֹטֶה צָפוֹן עַל תֹּהוּ תֹּלֶה אֶרֶץ
עַל בְּלִימָה · 10 אָמְרָה אֵלְכָה אַחֲרֵי מְאַהֲבַי נֹתְנֵי

לַחְמִי וּמֵימַי צַמְרִי וּפִשְׁתִּי שַׁמְנִי וְשִׁקּוּיָי · 11 אֲמָרַי
הַאֲזִינָה בִּינָה הֲגִיגִי · 12 לֹא יָסוּר שֵׁבֶט מִיהוּדָה
וּמְחֹקֵק מִבֵּין רַגְלָיו עַד כִּי יָבוֹא שִׁילֹה וְלוֹ יִקְּהַת
עַמִּים · 13 שָׁלֵו הָיִיתִי וַיְפַרְפְּרֵנִי וְאָחַז בְּעָרְפִּי
וַיְפַצְפְּצֵנִי · הֲלֹא הֵם הַדְּבָרִים אֲשֶׁר קָרָא ה׳ בְּיַד
הַנְּבִיאִים בִּהְיוֹת יְרוּשָׁלַיִם יֹשֶׁבֶת וּשְׁלֵוָה · 14 אֲנִי
אָמַרְתִּי בְשַׁלְוִי בַּל אֶמּוֹט לְעוֹלָם · טוֹב פַּת חֲרֵבָה
וְשַׁלְוָה בָהּ מִבַּיִת מָלֵא זִבְחֵי רִיב · 15 אֶעֱבֹר בְּכָל־
צֹאנְךָ הַיּוֹם הָסֵר מִשָּׁם כָּל שֶׂה נָקֹד וְטָלוּא בָּעִזִּים
וְהָיָה שְׂכָרִי · 16 לְפָנָיו יִכְרְעוּ צִיִּים וְאוֹיְבָיו עָפָר
יְלַחֵכוּ · מִי יָשִׂים מִדְבָּר לַאֲגַם מַיִם וְאֶרֶץ צִיָּה
לְמוֹצָאֵי מַיִם הֲלֹא אָנֹכִי ·

N° 55. — T. XXI, 4me classe.

1 בִּ׳ זְאֵב יִטְרָף בַּבֹּקֶר יֹאכַל עַד וְלָעֶרֶב יְחַלֵּק שָׁלָל ·
2 אִם יִתֵּן אִישׁ אֶל רֵעֵהוּ חֲמוֹר אוֹ שׁוֹר לִשְׁמֹר···
אִם טָרֹף יִטָּרֵף יְבִאֵהוּ עֵד הַטְּרֵפָה לֹא יְשַׁלֵּם · 3 בַּיּוֹם

הָרִאשׁוֹן תַּשְׁבִּיתוּ הַשְּׂאוֹר מִבָּתֵּיכֶם כִּי כָּל אֹכֵל חָמֵץ
וְנִכְרְתָה הַנֶּפֶשׁ הַהִיא מִיִּשׂ׳ · 4 שִׁמְעָה נָּא לִי אֲחַוֶּה
דֵעִי אַף אָנִי · אֲנִי דִבַּרְתִּיו אִם לֹא זֹאת אֶעֱשֶׂה לְכָל־
הָעֵדָה הַזֹּאת הַנּוֹעָדִים עָלָי · עֵדוּת ה׳ נֶאֱמָנָה מַחְכִּימַת
פֶּתִי פִּקּוּדֵי ה׳ יְשָׁרִים מְשַׂמְּחֵי לֵב · 5 הוֹלֵךְ רָכִיל
מְגַלֶּה סּוֹד וְנֶאֱמַן רוּחַ מְכַסֶּה דָבָר · 6 יִרְאַת ה׳
טְהוֹרָה עוֹמֶדֶת לָעַד · וַיַּקְרִיבוּ (נ׳ וא׳) קְטֹרֶת זָרָה ·
7 עֵד הַגַּל הַזֶּה וְעֵדָה הַמַּצֵּבָה אִם אָנִי לֹא אֶעֱבֹר
אֵלֶיךָ אֶת־הַגַּל הַזֶּה לְרָעָה ··· 8 יִצְחָק אָהַב אֶת עֵ׳
כִּי צַיִד בְּפִיו · קְחוּ בְיֶדְכֶם צֵידָה לַדֶּרֶךְ וּלְכוּ ·
9 אֱנוֹשׁ כֶּחָצִיר יָמָיו כְּצִיץ הַשָּׂדֶה כֵּן יָצִיץ · וְהָיְתָה
כְּצִיצַת נֹבֵל צְבִי תִפְאַרְתּוֹ וַיִּשְׁלַח יָדוֹ וַיִּקָּחֵנִי בְּצִיצִת
רֹאשִׁי · וַיַּעֲשׂוּ אֶת הַצִּיץ זָהָב טָהוֹר וַיִּכְתְּבוּ עָלָיו
פִּתּוּחֵי חוֹתָם קֹדֶשׁ לַה׳ · דַּבֵּר אֶל־בְּנֵי־יִ׳ וְאָמַרְתָּ
אֲלֵיהֶם וְעָשׂוּ לָהֶם צִיצִת עַל כַּנְפֵי בִגְדֵיהֶם · 10 וַיַּרְא
אֱלֹהִים אֶת־הָאוֹר כִּי־טוֹב וַיַּבְדֵּל אֱ׳ בֵּין הָאוֹר וּבֵין
הַחֹשֶׁךְ · גַּם חֹשֶׁךְ לֹא יַחְשִׁיךְ לָךְ וְלַיְלָה כַּיּוֹם יָאִיר

כַּחֲשֵׁכָה כָּאוֹרָה · 11 לֹא תַעֲשׂוּ עָוֶל ····; אִם לֹא
תַגִּיעַ יָדוֹ דֵּי שֶׂה וְהֵבִיא אֲשָׁמוֹ ·· שְׁתֵּי תֹרִים ·· אֶחָד
לְחַטָּאת וְאֶחָד לְעֹלָה · 12 אִם תֹּאבוּ וּשְׁמַעְתֶּם טוּב
הָאָרֶץ תֹּאכֵלוּ ··· גַּם אֲנִי בְּאֵידְכֶם אֶשְׂחָק אֶלְעַג
בְּבוֹא פַחְדְּכֶם בְּבוֹא כְשׁוֹאָה פַּחְדְּכֶם וְאֵידְכֶם כְּסוּפָה
יֶאֱתֶה בְּבוֹא עֲלֵיכֶם צָרָה וְצוּקָה · 13 וְטַפְּכֶם אֲשֶׁר
אֲמַרְתֶּם לָבַז יִהְיֶה אָבִיא אֶל הָאָרֶץ אֲשֶׁר נִשְׁבַּעְתִּי
לַאֲבוֹתֵיכֶם · וַיַּהֲרֹג שְׁלֹשׁ מֵאוֹת אִישׁ וּבַבִּזָּה לֹא שָׁלְחוּ
אֶת יָדָם · 14 רֵאשִׁית דְּגָנְךָ וְרֵאשִׁית גֵּז צֹאנְךָ תִּתֶּן
לַכֹּהֵן · אִם טַל יִהְיֶה עַל הַגִּזָּה לְבַדָּהּ וְעַל כָּל־הָאָרֶץ
חֹרֶב וְיָדַעְתִּי כִּי תוֹשִׁיעַ בְּיָדִי אֶת יְיָ · 15 מִיץ חָלָב
יוֹצִיא חֶמְאָה וּמִיץ אַף יוֹצִיא דָם · 16 וַתִּקַּח מִ׳ הַנְּבִיאָה
אֶת־הַתֹּף בְּיָדָהּ וַתֵּצֶאןָ כָל־הַנָּשִׁים אַחֲרֶיהָ בְּתֻפִּים ···
נוֹתְרָה בַת צִ׳ כְּסֻכָּה בְכָרֶם · 17 וַנִּלְכֹּד אֶת כָּל
הֶעָרִים הָאֵלֶּה לֹא הָיְתָה עִיר אֲשֶׁר שָׂגְבָה מִמֶּנּוּ ·

N° 56. — T. XXI, 5me classe.

1 לָמָּה הָיָה כְאֵבִי נֶצַח מֵאֲנָה הֵרָפֵא הָיוֹ תִהְיֶה לִי
כְּמוֹ אַכְזָב מַיִם לֹא נֶאֱמָנוּ · וְנָתַתָּ עָלֶיהָ לְבֹנָה זַכָּה
וְהָיְתָה לַלֶּחֶם לְאַזְכָּרָה אִשֶּׁה לַה׳ · 2 בְּחַלּוֹן בֵּיתִי
בְּעַד אֶשְׁנַבִּי נִשְׁקָפְתִּי · · · · וַנַּקְרֵב לַה׳ אִישׁ אֲשֶׁר
מָצָא כְלִי־זָהָב אֶצְעָדָה וְצָמִיד טַבַּעַת עָגִיל וְכוּמָז
לְכַפֵּר עַל נַפְשֹׁתֵינוּ · 3 וַיָּבֹאוּ עַד־נַחַל אֶשְׁכֹּל וַיִּכְרְתוּ
מִשָּׁם זְמוֹרָה וְאֶשְׁכּוֹל עֲנָבִים אֶחָד וַיִּשָּׂאֻהוּ בַמּוֹט
בִּשְׁנָיִם · וַיְהִי בְּאַשְׁמֹרֶת הַבֹּקֶר וַיַּשְׁקֵף ה׳ אֶל מ׳
בְּעַמּוּד אֵשׁ וְעָנָן וַיָּהָם אֵת מ׳ · 4 זָכַרְנוּ אֶת הַדָּגָה
אֲשֶׁר נֹאכַל בְּמ׳ אֵת הַקִּשֻּׁאִים וְאֵת הָאֲבַטִּחִים וְאֶת
הֶחָצִיר וְאֶת־הַבְּצָלִים וְאֶת־הַשּׁוּמִים · 5 וַתֵּשֶׁב בְּאֵיתָן
קַשְׁתּוֹ וַיָּפֹזּוּ זְרֹעֵי יָדָיו מִידֵי אֲבִיר יַעֲ׳ מִשָּׁם רֹעֶה אֶבֶן
יִשְׂ׳ · 6 וַיַּעַל הָאַרְבֶּה עַל כָּל־אֶרֶץ מ׳ · וַיָּשֶׂם פִּי כְּחֶרֶב
חַדָּה וַיְשִׂימֵנִי לְחֵץ בָּרוּר בְּאַשְׁפָּתוֹ הִסְתִּירָנִי ·
7 וַיְהִי לִשְׁ׳ אַרְבָּעִים אֶלֶף אֻרְוֹת סוּסִים · · · 8 וַיָּסַר
אֵת אֹפַן רִכְבּוֹ וַיְנַהֲגֵהוּ בִּכְבֵדוּת · · · · 9 מִלִּפְנֵי

SUITE DU VINGT-UNIEME TABLEAU.

SUBST. FORMÉS AVEC LET· APPOSÉES. ם, ן, י 6e CLASSE.

F.	Ex.	Forme.	Numéros.	Dérivation.
	בנין	גלין	20.	ן
אביונה	אביון	גליון	21.	Fin. ה
	הגיון	גליון	22.	
	לויתן	גליתן	23.	
	רצון	גלון	24.	
	קצין	גלין	25.	
	אין	גין*	26.	
	ששון	שבון	27.	Mon.
שושנה	שושן	שובן	28.	
	אישון	שיבון	29.	D.
	חלון	סבון	30.	
	גליון	סביון	31.	י
אחרית	עברי*	פקדי	32.	
שמטית	ימני	פקדי	33.	Init.
נכריה	נכרי	פקדי	34.	
צפיחית	מרירי	פקודי	35.	M.
	הורי	שובי	36.	
חתית	עתי	סבי	37.	D.
	שערורי	פקדדי	38.	Intégr.
חכלילות	חכלילי	פקדידי	39.	
אחרנית	אדמני	פקדני	40.	

Fin. ה, שכוי 32 Sup.

Fem.	Ex.	Forme.	Numéros.	Dérivation.
	חרטם	פקדם	1.	ם
	שלשם	פקדם	2.	Intég.
	אמנם	פקדם	3.	
	פחם	גשם	4.	ן
	שפם	גלם	5.	Fin. ה
	שלום	גלום	6.	
	יומם	גולם	7.	
	עירום	גלום	8.	
	פתאם	גלאם	9.	
	פדיום	גלים	10.	M.
	ריקם	שיבם	11.	
	חנם	סבם	12.	D.
	סלם	סבם	13.	ן
אלמנה	אלמן	פקדן	14.	
	אגמון	פקדון	15.	Int.
	דאבון	פקדון	16.	
	קרבן	פקדן	17.	
	בטחון	פקדון	18.	
	ארגן	אגשן	19.	ן

SUBST. FORMÉS AVEC LET. PRÉP. ה, ש, מ, נ 5e. CLASSE.

Fem.	Ex.	Forme.	Numéros	Dérivation.
נשאת	נצב	נגש	68.	נ
		נולד	69.	
	נזיר	נשיב	70.	M.
	נחלה	נסב	71.	D.
תנשמת	תחמס	תפקד	72.	ת
תלבשת		תפקד	73.	Intégr.
תבערה	תשבץ	תפקד	74.	
תהלוכה	תגמול	תפקוד	75.	
	תלמיד	תפקיד	76.	
תועבה*	תושב	תולד	77.	Init. י
תשועה	תימן	תילד	78.	
	תירש	תילוד	79.	In. נ
	תחת	תגש	80.	
	תפוח	תגוש	81.	
תאוה	תכן	תגל	82.	M.
תבואה		תשוב	83.	
	תבלל	תסבב	84.	Doubl.
תחלה	תבל	תסב	85.	
תהלה*	תהם	תסב	86.	ת
		V. Sup.		
תורה		תולה	87.	In. י, ש
שלהבת		שפקד	88.	

F em.	Ex.	Forme.	Numéros.	Dérivation.
מראה	מטה	מגלה	47.	מ
		מגלה*	48.	Fin. ה
	מזור*	מגל*	49.	
	מרע	מגל	50.	
מחצית	מאוי	מגלי	51.	
	מעי	מלי	52.	Monoss.
מגורה	מגור	משוב	53.	
מליצה	מליץ	משיב	54.	
	מובא	מושב	55.	
	מרום	מישוב	56.	
מצדה	מצד	משב	57.	Doubl.
מזמה	מרע	מסב	58.	
	ממר	מסב	59.	
	מצר	מסב	60.	
	מרך	מסב	61.	
מכה	מטה	מלה	62.	In. נ—ה
מטה		מלה	63.	
	מטה	מלה	64.	ה—י
מורה	מורה	מולה	65.	
נחרצה	נרגן	נפקד	66.	Int.
	נפתול	נפקוד	67.	

TABL. SYNOPT.

הָאָרוֹן חוּלִי אָרֶץ מִלִּפְנֵי אֱלוֹהַּ יַעֲ׳ · 10 וְהוּא אָסוּר
בָּאזִקִּים בְּתוֹךְ כָּל־גָּלוּת יְרוּשָׁ׳ הַמֻּגְלִים בָּ׳ ·

№ 57. — T. XXI, 5me classe. ה־ל

1 כְּהִתּוּךְ כֶּסֶף בְּתוֹךְ כּוּר כֵּן תֻּתְּכוּ בְּתוֹכָהּ וִידַעְתֶּם
כִּי אֲנִי ה׳ שָׁפַכְתִּי חֲמָתִי עֲלֵיכֶם · 2 בַּיּוֹם הַהוּא
יָבוֹא הַפָּלִיט אֵלֶיךָ לְהַשְׁמָעוּת אָזְנָיִם · 3 אִם הַחֲרֵשׁ
תַּחֲרִישִׁי בָּעֵת הַזֹּאת רֶוַח וְהַצָּלָה יַעֲמוֹד לַיְּהוּדִים
(בְּיַד) אַחֵר וְאַתְּ וּבֵית־אָבִיךְ תֹּאבֵדוּ · 4 וּמִבָּנֶיךָ
אֲשֶׁר תּוֹלִיד יִקָּחוּ וְהָיוּ סָרִיסִים בְּהֵיכַל מֶלֶךְ בָּ׳ ·
5 וַיַּעַשׂ הַמֶּלֶךְ הֲנָחָה לָאֲרָצוֹת אֲשֶׁר תַּחַת יָדוֹ ·
6 עֵינִי נִגְּרָה וְלֹא תִדְמֶה מֵאֵין הֲפֻגוֹת · 7 אִם־לֹא
הֲתֻלִים עִמָּדִי וּבְהַמְּרוֹתָם תָּלַן עֵינִי · 8 רֵאשִׁית דְּגָנְךָ
וְיִצְהָרְךָ וְרֵאשִׁית גֵּז צֹאנְךָ תִּתֶּן לַכֹּהֵן · 9 וַיִּבְחַר לוֹ
חֲמִשָּׁה חַלֻּקֵּי אֲבָנִים מִן־הַנַּחַל וַיָּשֶׂם אוֹתָם בַּיַּלְקוּט
אֲשֶׁר לוֹ וְקַלְעוֹ בְיָדוֹ וַיִּגַּשׁ אֶל הַפְּ׳ · 10 וַיֵּלֶךְ (שָׁ׳)
לְבַקֵּשׁ אֶת דָּ׳ וַאֲנָשָׁיו עַל פְּנֵי צוּרֵי הַיְּעֵלִים · 11 וְאֵת

בַּת הַיַּעֲנָה וְאֶת הַשָּׁחַף וְאֶת הַנֵּץ לֹא תֹאכֵלוּ ׃ 12 וַיַּעַן
א״ וַיֹּאמַר צָעִיר אֲנִי לְיָמִים וְאַתֶּם יְשִׁישִׁים עַל־כֵּן
זָחַלְתִּי וָאִירָא ׀ מֵחַוֺּת דֵּעִי אֶתְכֶם ׃ 13 כִּי לְיָמִים
עוֹד שִׁבְעָה אָנֹכִי מַמְטִיר עַל הָאָרֶץ אַרְבָּעִים יוֹם
וְאַרְבָּעִים לָיְלָה וּמָחִיתִי אֶת כָּל־הַיְקוּם אֲשֶׁר עָשִׂיתִי
מֵעַל פְּנֵי הָאֲדָמָה ׃ 14 וַיֹּאמֶר לָהּ שְׁנֵי גוֹיִם בְּבִטְנֵךְ
וּשְׁנֵי לְאֻמִּים מִמֵּעַיִךְ יִפָּרֵדוּ וּלְאֹם מִלְאֹם יֶאֱמָץ וְרַב
יַעֲבֹד צָעִיר ׃ 15 וְהַמָּן כִּזְרַע־גַּד הוּא וְטַעְמוֹ
כְּטַעַם לְשַׁד הַשָּׁמֶן ׃

№ 58. — T. XXI, 5me classe. מ

1 וְאַתָּה קַח־לְךָ מִכָּל־מַאֲכָל אֲשֶׁר יֵאָכֵל ׃ וְהָיָה
לְךָ וְלָהֶם לְאָכְלָה ׃ וַיִּקַּח א״ אֶת־עֲצֵי הָעֹלָה וַיָּשֶׂם
עַל יִצְחָק בְּנוֹ וַיִּקַּח בְּיָדוֹ אֶת־הָאֵשׁ וְאֶת הַמַּאֲכֶלֶת
וַיֵּלְכוּ שְׁנֵיהֶם יַחְדָּיו ׃ 2 וַיָּבֹאוּ עַד גֹּרֶן הָאָטָד וַיִּסְפְּדוּ
שָׁם מִסְפֵּד גָּדוֹל וְכָבֵד מְאֹד ׃ — .... וַיִּבֶן (יִשׂ״)
עָרֵי מִסְכְּנוֹת לְפַ״ אֶת־פִּ״ וְאֶת־רַ״ ׃ 3 .. לִפְנֵי עִוֵּר

לֹא תִתֵּן מִכְשֹׁל וְיָרֵאתָ מֵאֱלֹהֶיךָ אֲנִי ה׳ · — וְנָטִיתִי
עַל יְ״ אֶת קַו שׁ״ וְאֶת־מִשְׁקֹלֶת בֵּית אֱ״ וּמָחִיתִי אוֹתוֹ
כַּאֲשֶׁר יִמְחֶה אֶת הַצַּלַּחַת מָחָה וְהָפַךְ עַל פָּנֶיהָ ·
4 וַיַּחֲרִימוּ אֶת־כָּל־הַשָּׁלָל וְאֵת כָּל הַמַּלְקוֹחַ בָּאָדָם
וּבַבְּהֵמָה · — זֶה לִי עֶשְׂרִים שָׁנָה בְּבֵיתֶךָ עֲבַדְתִּיךָ
אַרְבַּע עֶשְׂרֵה שָׁנָה בִּשְׁתֵּי בְנוֹתֶיךָ וְשֵׁשׁ שָׁנִים בְּצֹאנֶךָ
וַתַּחֲלֵף אֶת מַשְׂכֻּרְתִּי עֲשֶׂרֶת מֹנִים · 5 וַיֹּאמֶר לַאֲשֶׁר
עַל הַמֶּלְתָּחָה הוֹצֵא לְבוּשׁ לְכֹל עֹבְדֵי הַבַּעַל · · ·
וַיּוֹצֵא לָהֶם הַמַּלְבּוּשׁ · — שִׂפְתֵי כְסִיל יָבֹאוּ בְרִיב
וּפִיו לְמַהֲלֻמוֹת יִקְרָא · 6 לְדָ״ מַשְׂכִּיל · — שִׁבְתָּם
וְקִימָתָם אֲנִי מַנְגִּינָתָם · — 7 · · · וְהִגִּישׁוֹ אֲדֹנָיו אֶל־
הָאֱלֹהִים וְרָצַע אֶת אָזְנוֹ בַּמַּרְצֵעַ וַעֲבָדוֹ לְעֹלָם ·
וְשָׁפַט בֵּין הַגּוֹיִם וְהוֹכִיחַ לְעַמִּים רַבִּים וְכִתְּתוּ חַרְבוֹתָם
לְאִתִּים וַחֲנִיתוֹתֵיהֶם לְמַזְמֵרוֹת · · · 8 רֹדֶה בָאַף גּוֹיִם
מֻרְדָּף בְּלִי חָשָׂךְ ·

No 59. — T. XXI, 5me classe. מ

1 הַרְבּוּ עָלַי מְאֹד מֹהַר וּמַתָּן וְאֶתְּנָה כַּאֲשֶׁר תֹּאמְרוּ
אֵלָי ׃ וַיִּקַּח אֶת הָאֶבֶן אֲשֶׁר שָׂם מְרַאֲשֹׁתָיו וַיָּשֶׂם
אֹתָהּ מַצֵּבָה ׃ 2 הוֹבִישׁ (ה׳) מֶבָּטָהּ וְאָבַד מֶלֶךְ מֵעַ׳ ׃
3 ... אִם יִתְגַּדֵּל הַמַּשּׂוֹר עַל מְנִיפוֹ? ... וְנֹחַ בֶּן שֵׁשׁ
מֵאוֹת שָׁנָה וְהַמַּבּוּל הָיָה עַל הָאָרֶץ ׃ אַךְ בַּחֲלָקוֹת
תָּשִׁית לָמוֹ הִפַּלְתָּם לְמַשּׁוּאוֹת ׃
4 חָכְמָה וּמַדָּע תֶּן לִי וְאֵצְאָה לִפְנֵי הָעָם הַזֶּה וְאָבוֹאָה ׃
5 וּמוֹשַׁב בְּנֵי יִשְׂ׳ אֲשֶׁר יָשְׁבוּ בְּמִ׳ שְׁלֹשִׁים שָׁנָה וְאַרְבַּע
מֵאוֹת שָׁנָה ׃ — ... וְהֵבֵאתִי אֶתְכֶם אֶל הָאָרֶץ וְנָתַתִּי
אֹתָהּ לָכֶם מוֹרָשָׁה ׃ 6 וַיְהִי בַבֹּקֶר וַיֵּצֵא יְהוֹנָתָן
הַשָּׂדֶה לְמוֹעֵד דָּ׳ וְנַעַר קָטֹן עִמּוֹ ׃ הֲלֹא כָתַבְתִּי לְךָ
שָׁלִישִׁים בְּמוֹעֵצוֹת וָדָעַת ׃ 7 ... לָדַעַת חָכְמָה וּמוּסָר
צֶדֶק וּמִשְׁפָּט וּמֵישָׁרִים ׃ 8 ... וְשִׁבְעָה נֵרֹתֶיהָ עַל
רֹאשָׁהּ וְשִׁבְעָה מוּצָקוֹת לַנֵּרוֹת אֲשֶׁר עָלֶיהָ ׃ 9 כִּי
יַבְעֶר־אִישׁ שָׂדֶה אוֹ כֶרֶם ... מֵיטַב שָׂדֵהוּ וּמֵיטַב
כַּרְמוֹ יְשַׁלֵּם ׃ 10 ... וַתֹּאמֶר לָהֶם עָבְרוּ מִיכַל הַמָּיִם

וַיְבַקְשׁוּ וְלֹא מָצָאוּ · 11 וַיִּלְכְּדוּ אֶת עָרֵי הַמִּישׁוֹר
וְעָרֵי הַכִּכָּר ·

1 הִתְנַעֲרִי מֵעָפָר קוּמִי הִתְפַּתְּחִי מוֹסְרֵי צַוָּארֵךְ ·

2 מֹאזְנֵי צֶדֶק וְאַבְנֵי צֶדֶק יִהְיֶה לָכֶם אֲנִי ה׳·

N° 60. — T. XXI, 5me classe. נ״מ

1 בַּעֲצַלְתַּיִם יִמַּךְ הַמְּקָרֶה וּבְשִׁפְלוּת יָדַיִם יִדְלֹף הַבָּיִת ·
2 וְא״ כָּבֵד מְאֹד בַּמִּקְנֶה בַּכֶּסֶף וּבַזָּהָב · — וַיָּקָם הַשָּׂדֶה
וְכָל הָעֵץ אֲשֶׁר בְּכָל־גְּבוּלוֹ סָבִיב לְא״ לְמִקְנָה · 3 וְא״
הָלַךְ אֵלָיו מִגְּרָר וַא״ מֵרֵעֵהוּ וּפ״ שַׂר צְבָאוֹ · 4 אַל
תִּתֵּן מַאֲוַיֵּי רָשָׁע זְמָמוֹ אַל תָּפֵק · — אֶת כַּסְפְּךָ לֹא
תִתֵּן בְּנֶשֶׁךְ וּבְמַרְבִּית לֹא־תִתֵּן אָכְלֶךָ · 5 וַיֹּאמֶר
אֱלֹהִים יְהִי מְאוֹרֹת בִּרְקִיעַ הַשָּׁמַיִם וְהָיוּ לְאוֹתֹת
וּלְמוֹעֲדִים וּלְיָמִים וְשָׁנִים · וְשִׁעֲשַׁע יוֹנֵק עַל־חֻר פָּתֶן
וְעַל מְאוּרַת שָׂרָף גָּמוּל יָדוֹ הָדָה · וְעָשִׂיתָ מְנֹרַת
זָהָב טָהוֹר מִקְשָׁה תֵּעָשֶׂה אוֹתָהּ · 6 וְהֵם לֹא יָדְעוּ כִּי
שֹׁמֵעַ יוֹסֵף כִּי הַמֵּלִיץ בֵּינוֹתָם · — ... לְהָבִין מָשָׁל

וּמְלִיצָה דִּבְרֵי חֲכָמִים וְחִידוֹתָם · 7 שַׁבְתִּי וְרָאֹה

תַּחַת הַשֶּׁמֶשׁ כִּי לֹא לַקַּלִּים הַמֵּרוֹץ וְלֹא לַגִּבּוֹרִים

הַמִּלְחָמָה · · · · — וַיֹּאמֶר הַצֹּפֶה רֹאֶה אָנִי אֶת־מְרוּצַת

הָאִישׁ כִּמְרוּצַת אֲ' · — 8 וַיֵּשֶׁב בַּמָּצָד עַל־כֵּן קָרְאוּ לוֹ

עִיר דָּ' · · — · · · מִפְּנֵי מִ' · עָשׂוּ לָהֶם אֵת הַמִּנְהָרוֹת

אֲשֶׁר בֶּהָרִים וְאֶת־הַמְּעָרוֹת וְאֶת־הַמְּצָדוֹת · 9 הִנֵּה

בָאתִי בִּמְגִלַּת סֵפֶר · · · — שָׁ' וְלֵ' אָחִים כְּלֵי חָמָס

מְכֵרוֹתֵיהֶם · — מִי נִמְרִים מִשַּׁמוֹת יִהְיוּ · · · 10 וַחֲרָמֹת

מֵהֶם מֶלֶךְ לֹ' · אֶחָד מֵחֲמֵשׁ הַמֵּאוֹת · 11 מִן הַמֵּצַר

קָרָאתִי יָהּ עָנָנִי בַמֶּרְחַבְיָה · · · 12 · · · וְהֵבֵאתִי מֹרֶךְ

בִּלְבָבָם וְרָדַף אֹתָם קוֹל עָלֶה נִדָּף וְנָסוּ מְנֻסַת

חֶרֶב וְנָפְלוּ וְאֵין רֹדֵף · 13 וַיֹּאמֶר אֵלָיו מַה־זֶּה בְיָדֶךָ

וַיֹּאמֶר מַטֶּה · — וַיִּקְרָא שֵׁם הַמָּקוֹם מַסָּה וּמְרִיבָה ·

14 · · · וַיִּתְחַזֵּק יִשְׂ' וַיֵּשֶׁב עַל הַמִּטָּה · 15 · · · הָאָרֶץ

מָלְאָה מַטֶּה כִּי אָמְרוּ עָזַב ה' אֶת הָאָרֶץ · · · · —

16 · · מוֹרָה לֹא עָלָה עַל רֹאשִׁי כִּי נְזִיר אֱלֹהִים אָנִי

מִבֶּטֶן אִמִּי · 17 דְּבָרֵי נִרְגָּן כְּמִתְלַהֲמִים וְהֵם יָרְדוּ

חַדְרֵי בָטֶן · — זִכְרוּ נִפְלְאוֹתָיו אֲשֶׁר עָשָׂה מוֹפְתָיו
וּמִשְׁפְּטֵי פִיהוּ · 18 וַתֹּאמֶר נַפְתּוּלֵי אֱלֹהִים נִפְתַּלְתִּי
עִם אֲחוֹתִי גַּם יָכֹלְתִּי · 19 וַיָּבֹא גַּם הַנִּצָּב אַחַר הַלַּהַב
כִּי לֹא שָׁלַף הַחֶרֶב מִבִּטְנוֹ · 20 וְעַתָּה יֵרָא פְּ״ אִישׁ
נָבוֹן וְחָכָם וִישִׁיתֵהוּ עַל אֶרֶץ מ״ · — 21 נָבִיא מִקִּרְבְּךָ
אָקִים לְךָ · · · 22 וְלֹא שָׁמַע הַמֶּלֶךְ אֶל הַזְּקֵנִים כִּי
הָיְתָה נְסִבָּה מֵעִם הָאֱלֹהִים לְמַעַן הָקִים דְּבָרוֹ אֲשֶׁר
דִּבֶּר בְּיַד אֲ״ הַשּׁ״ ·

No 61. — T. XXI, 5me classe. ת

1 וְאֵת אֵלֶּה לֹא תֹאכְלוּ ; אֵת בַּת הַיַּעֲנָה וְאֵת הַתַּחְמָס
וְאֵת הַשָּׁחַף וְאֵת הַנֵּץ · — מִגְבָּעוֹת תַּעֲשֶׂה לָהֶם לְכָבוֹד
וּלְתִפְאָרֶת · 2 וַיִּלְבַּשׁ בִּגְדֵי נָקָם תִּלְבֹּשֶׁת וַיַּעַט כִּמְעִיל
קִנְאָה · 3 וְעָשׂוּ בִגְדֵי קֹדֶשׁ לְאַ״ אָחִיךָ וּלְבָנָיו לְכַהֲנוֹ
לִי מְעִיל וּכְתֹנֶת תַּשְׁבֵּץ מִצְנֶפֶת וְאַבְנֵט · 4 מָה אָשִׁיב
לַה׳ כָּל תַּגְמוּלוֹהִי עָלָי · — יִשְׁמַע חָכָם וְיוֹסֶף לֶקַח
וְנָבוֹן תַּחְבֻּלוֹת יִקְנֶה · 5 כַּקָּטֹן כַּגָּדוֹל כַּמֵּבִין כַּתַּלְמִיד

כלם בזו דבר ה׳ · 6 ··· ותקרא את־שמו שת כי
··· שת־לי אלהים זרע אחר תחת הבל כי הרגו קין ·
7 כתפוח בעצי היער כן דודי בין הבנים ···· —
8 גר ותושב אנכי עמכם ···· — זה ספר תולדות
אדם ···· — וישימו לו לבדו ולהם לבדם כי לא
יוכלון המ׳ לאכל לחם עם העברים כי תועבה הוא
למ׳ · 9 יסע קדים בשמים וינהג בעזו תימן · — לה׳
הארץ ומלואה תבל וישבי בה · 10 ·· גביר שמתיו
לך ·· ודגן ותירוש סמכתיו ···· — לא יומת איש
ביום הזה כי היום עשה ה׳ תשועה ביש׳ ·
11 גם תבן גם מספוא רב עמנו גם מקום ללון · —
ויספר מ׳ לחתנו את כל־אשר עשה ה׳ לפ׳ ולמ׳ על
אודות יש׳ ואת כל־התלאה אשר מצאתם · — גרסה
נפשי לתאבה אל משפטיך בכל עת · — ככל אשר
אני מראה אותך את תבנית המשכן ואת תבנית
כל־כליו כן תעשו · — והנה קמתם תחת אבתיכם
תרבות אנשים חטאים לספות עוד על אף ה׳ ·

12 לֹא תַעֲשֶׂה לְךָ פֶסֶל וְכָל תְּמוּנָה ... — 13 ....
מוֹת יוּמָתוּ שְׁנֵיהֶם תֶּבֶל עָשׂוּ . — .. מִי כָמוֹךָ נֶאְדָּר
בַּקֹּדֶשׁ נוֹרָא תְהִלּוֹת עֹשֵׂה פֶלֶא . 14 אוֹ גִבֵּן אוֹ דַק
אוֹ תְבַלֻּל בְּעֵינוֹ .. אֶל מִזְבַּח ה' לֹא יִקְרַב . 15 וְהָאָרֶץ
הָיְתָה תֹהוּ וָבֹהוּ וְחֹשֶׁךְ עַל פְּנֵי תְהוֹם ....
16 .. שִׂים נָא כָבוֹד לַה' וְתֶן־לוֹ תוֹדָה . 17 בֵּן חָכָם
יְשַׂמַּח אָב וּבֵן כְּסִיל תּוּגַת אִמּוֹ . — לִי עֵצָה וְתוּשִׁיָּה
אֲנִי בִינָה לִי גְבוּרָה . 18 *suppl.* .. בַּשֶּׁמֶן תֵּעָשֶׂה
(הַמִּנְחָה) מֻרְבֶּכֶת תְּבִיאֶנָּה תֻּפִינֵי מִנְחַת פִּתִּים
תַּקְרִיבוּ לַה' .

N° 62. — T. XXI, 6me classe. ם

1 אֶת אֵלֶּה מֵהֶם תֹּאכֵלוּ אֶת הָאַרְבֶּה לְמִינוֹ וְאֶת
הַסָּלְעָם לְמִינֵהוּ . 2 רֹאֶה אֲנִי אֶת־פְּנֵי אֲבִיכֶן כִּי אֵינֶנּוּ
אֵלַי כִּתְמוֹל שִׁלְשֹׁם . — 3 פֶּחָם לְגֶחָלִים וְעֵצִים לָאֵשׁ
וְאִישׁ מִדְיָנִים לְחַרְחַר־רִיב . 4 וְהַצָּרוּעַ אֲשֶׁר בּוֹ הַנֶּגַע
בְּגָדָיו יִהְיוּ פְרֻמִים וְרֹאשׁוֹ יִהְיֶה פָרוּעַ וְעַל שָׂפָם יַעְטֶה

וְטָמֵא טָמֵא יִקְרָא · 5 לֵךְ־נָא רְאֵה אֶת־שְׁלוֹם אַחֶיךָ
וְאֶת שְׁלוֹם הַצֹּאן וַהֲשִׁבֵנִי דָּבָר · — 6 וַיִּהְיוּ שְׁנֵיהֶם
עֲרוּמִּים הָאָדָם וְאִשְׁתּוֹ וְלֹא יִתְבּוֹשָׁשׁוּ · — 7 לֹא תִירָא
מִפַּחַד לַיְלָה מֵחֵץ יָעוּף יוֹמָם · 8 כִּי יָמוּת עָלָיו בְּפֶתַע
פִּתְאֹם וְטִמֵּא רֹאשׁ נִזְרוֹ · — 9 וַיִּקַּח אֵת כֶּסֶף הַפִּדְיוֹם
מֵאֵת הָעֹדְפִים עַל פְּדוּיֵי הַלְוִיִּם · 10 לוּלֵי אֱלֹהֵי אָבִי
הָיָה לִי כִּי עַתָּה רֵיקָם שִׁלַּחְתָּנִי ·· 11 הוֹי אֹמְרִים
לָעֵץ הָקִיצָה עוּרִי לְאֶבֶן דּוּמָם · 12 וַיֵּט אַ׳ אֶת־יָדוֹ
בְמַטֵּהוּ וַיַּךְ אֶת־עֲפַר הָאָרֶץ וַתְּהִי הַכִּנָּם בָּאָדָם
וּבַבְּהֵמָה · — 13 וַיַּחֲלֹם יַעֲ׳ וְהִנֵּה סֻלָּם מֻצָּב אַרְצָה
וְרֹאשׁוֹ מַגִּיעַ הַשָּׁמָיְמָה וּמַלְאֲכֵי ה׳ עֹלִים וְיֹרְדִים בּוֹ ·

N° 63. — T. XXI, 6me classe. ז

1 וְהַר סִינַי עָשַׁן כֻּלּוֹ ··· וַיַּעַל עֲשָׁנוֹ כְּעֶשֶׁן הַכִּבְשָׁן ··
··· שְׁבִי אַלְמָנָה בֵית אָבִיךְ עַד יִגְדַּל שֵׁ׳ בְנִי · 2 כִּי
יָמוּת הָאִישׁ הָאַחֲרוֹן ·· לֹא יוּכַל בַּעְלָהּ הָרִאשׁוֹן אֲשֶׁר
שִׁלְּחָהּ לָשׁוּב לְקַחְתָּהּ · 5 הַיְסֻפַּר בַּקֶּבֶר חַסְדֶּךָ

אֱמוּנָתְךָ בַּאֲבַדּוֹן · — אֲחִיכֶם אֶחָד יֵאָסֵר בְּבֵית
מִשְׁמַרְכֶם וְאַתֶּם לְכוּ הָבִיאוּ רַעֲבוֹן בָּתֵּיכֶם · 4 וְהָיְתָה
הַפְּצִירָה פִים לַמַּחֲרֵשֹׁת וְלָאֵתִים וְלִשְׁלֹשׁ קִלְּשׁוֹן
וּלְהַקַּרְדֻּמִּים וּלְהַצִּיב הַדָּרְבָן · — וְגוֹרָלוֹת הִפַּלְנוּ עַל
קָרְבַּן הָעֵצִים ... 5 הוּא כִּתַּת נְחַשׁ הַנְּחֹשֶׁת אֲשֶׁר
עָשָׂה מ״ כִּי עַד הַיָּמִים הָהֵמָּה הָיוּ בְנֵי יִשְׂ׳ מְקַטְּרִים
לוֹ וַיִּקְרָא־לוֹ נְחֻשְׁתָּן · 6 ... אֲרוּרָה הָאֲדָמָה בַּעֲבוּרֶךָ
בְּעִצָּבוֹן תֹּאכֲלֶנָּה כֹּל יְמֵי חַיֶּיךָ · — 7 .. וְגִלְּחָה אֶת
רֹאשָׁהּ וְעָשְׂתָה אֶת צִפָּרְנֶיהָ ·

8 מִקְנֵיהֶם וְקִנְיָנָם הֲלֹא לָנוּ הֵם · 9 לֹא תַטֶּה מִשְׁפַּט
אֶבְיֹנְךָ בְּרִיבוֹ · — 10 ... וַיִּתֵּן ה׳ לָהּ הֵרָיוֹן וַתֵּלֶד
בֵּן · 11 ... שָׁם (בַּיָּם) אֳנִיּוֹת יְהַלֵּכוּן לִוְיָתָן זֶה יָצַרְתָּ
לְשַׂחֶק־בּוֹ · 12 .. וְאָנֹכִי הִשְׁמַדְתִּי מִפְּנֵיהֶם אֶת־הָאֱ׳
אֲשֶׁר כְּגֹבַהּ אֲרָזִים גָּבְהוֹ וְחָסֹן הוּא כָּאַלּוֹנִים · 13 מָה
הַצִּיּוֹן הַלָּזֶה ? 14 מֵאַיִן תָּבוֹא וְאָנָה תֵלֵךְ ?
15 אָהַבְתָּ צֶּדֶק וַתִּשְׂנָא רֶשַׁע עַל־כֵּן | מְשָׁחֲךָ אֱלֹהִים
לְמֶלֶךְ שֶׁמֶן שָׂשׂוֹן מֵחֲבֵרֶיךָ · 16 כְּשׁוֹשַׁנָּה בֵּין הַחוֹחִים

בן רעיתי בין הבנות · 17 וישב אותי דרך שער
המקדש החיצון ·· 18 ויהי מקץ ארבעים יום ויפתח
נח את־חלון התבה אשר עשה ·

N° 64. — T. XXI, 6me classe.

1 כי תקנה עבד עברי שש שנים יעבד ובשביעית
יצא לחפשי חנם · ·· וישב (המלך) בבית החפשית
ויו׳ בן־המלך על־הבית שפט את־עם הארץ · 2 למה
זה תשאל לשמי והוא פלאי · — האספו ואגידה לכם
את אשר יקרא (ה) אתכם באחרית הימים · 3 כל
אלה לכר לבד מערי הפרזי הרבה מאוד · — שממית
בידים תתפש והיא בהיכלי מלך · 4 ·· ראשית גוים
ע׳ ואחריתו עדי אבד · 5 ·· קחו־לי צלחית חדשה
ושימו שם מלח · 6 גם־הוא עון פלילי כי־כחשתי לאל
ממעל · 7 והמן כזרע גד לבן וטעמו כצפיחית
בדבש · 8 נסע ונגלה מני כאהל רעי · 9 ופגשו
ציים את איים ·· אף שם הרגיעה לילית ומצאה לה

VINGT-DEUXIÈME TABLEAU.

Anom. de la Format. du Pl.

P.	S.	
אֲנָשִׁים	אִישׁ	I.
נָשִׁים	אִשָּׁה	II.
אָבוֹת	אָב	III.
רַחֲמִים	רֶחֶם	IV.
רַגְלַיִם	רֶגֶל	V.
רְגָלִים		
דְּלָתַיִם	דֶּלֶת	VI.
דְּלָתוֹת		
שְׂפָתַיִם	שָׂפָה	VII.
שִׂפְתֵי		
שְׂפָתַי		
חוֹמוֹתַיִם	חוֹמָה	VIII.
מֵאוֹת	מֵאָה	IX.
מָאתַיִם		
אֲלָפִים	אֶלֶף	X.
אֲלָפִים		
רְבָבוֹת	רְבָבָה	XI.
רִבּוֹת		
רִבּוֹתַיִם		
הָרֵי	הָר	XII.
אֲנָשִׁים de אֱנוֹשׁ.		I.
אִשָּׁה-אֲנָשָׁה-אֲנָשָׁה		2.
רִבּוֹתַיִם-רִבְבוֹתַיִם 8.		II.

Format. des Nombres Cardin., Ordin. et Part.

Ordin.	F.	Cardin.	M.
רִאשׁוֹן	אַחַת	1.	אֶחָד, אַחַד
שֵׁנִי	שְׁתַּיִם ; שְׁתֵּי	2.	שְׁנַיִם ; שְׁנֵי
שְׁלִישִׁי	שָׁלֹשׁ ; שְׁלֹשׁ	3.	שְׁלֹשָׁה ; שְׁלֹשֶׁת
רְבִיעִי	אַרְבַּע	4.	אַרְבָּעָה ; אַרְבַּעַת
חֲמִישִׁי	חָמֵשׁ ; חֲמֵשׁ	5.	חֲמִשָּׁה ; חֲמֵשֶׁת
שִׁשִּׁי	שֵׁשׁ	6.	שִׁשָּׁה ; שֵׁשֶׁת
שְׁבִיעִי	שֶׁבַע ; שְׁבַע	7.	שִׁבְעָה ; שִׁבְעַת
שְׁמִינִי	שְׁמֹנֶה ; ־נֵה	8.	שְׁמֹנָה ; שְׁמֹנַת
תְּשִׁיעִי	תֵּשַׁע ; תְּשַׁע	9.	תִּשְׁעָה ; תִּשְׁעַת
עֲשִׂירִי	עֶשֶׂר ; עֶשֶׂר	10.	עֲשָׂרָה ; עֲשֶׂרֶת
Part. רֹבַע ; רְבִיעִית חֲמִשִׁית, חֹמֶשׁ, עֲשִׂירִיָּה ; [illegible]	אַחַת עֶשְׂרֵה	11.	אַחַד עָשָׂר
	עַשְׁתֵּי ־	11.	עַשְׁתֵּי ־
	שְׁתַּיִם ; שְׁתֵּי	12.	שְׁנַיִם "שְׁנֵי" עָשָׂר
	שְׁלֹשׁ עֶשְׂרֵה	13.	שְׁלֹשָׁה עָשָׂר
		20.	עֶשְׂרִים
	שְׁלֹשִׁים	30.	
		40.	אַרְבָּעִים
	חֲמִשִּׁים	50.	
		60.	שִׁשִּׁים
	שִׁבְעִים	70.	
		80.	שְׁמוֹנִים
	תִּשְׁעִים	90.	
	מֵאַת	100.	מֵאָה
	אֲלָפִים	1000.	אֶלֶף
	אַלְפַּיִם Duel.	2000.	200. מָאתַיִם

Format. des Subst. Quadrilettres.

6e. Classe.

Fem.	Ex.	Forme.	Numéros.	Dériva.
°אֲדַמְדֶּמֶת	אֲדַמְדָּם	פְּקַדְקַד	1.	Intègres.
	פְּתַלְתֹּל	פְּקַדְקֹד	2.	
חֲבַרְבּוּרָה	אֲסַפְסֻף	פְּקַדְקוּד	3.	
רַעֲנָנָה	*רַעֲנָן	*פַּקְדָד	4.	
	נַהֲלֹל	פַּקְדֹד	5.	
שַׁעֲרוּרָה	נַאֲפוּף	פַּקְדוּד	6.	
	חַכְלִיל	פַּקְדִיד	7.	
	זַרְזִיף	פַּקְפִּיד	8.	
הֲצוֹצְרָה		פְּקוֹקַד	9.	
	כַּרְמֶל	פַּקְדֶל	10.	
זַלְעָפָה	V. Sup.	פַּלְקָד	11.	
סַרְעַפָּה	שַׁרְבִיט	פַּרְקִיד	12.	
	נִיחוֹחַ	שִׁיבוֹב	13.	M.
הַלְהָלָה	זַלְזַל	שַׁבְשַׁב	14.	
שַׁרְשְׁרָה	גַּלְגַּל	סַבְסַב	15.	Dou.
	שַׁעֲשׁוּעַ	סַבְסוּב	16.	
	הַבְהַב	לַדְלַד	17.	In. ־י
	שְׁקַעֲרוּר	שְׁפַקְדוּד	18.	Int.
°חֲפַרְפָּרָה			1.	Sup.
	שַׁלְאֲנָן	פַּלְקְדָד	11.	
צִנְצֶנֶת	צְלָצַל		15.	

מָנוֹחַ ׃ 10 ···· וְשִׁלַּח (אֶת־הַשָּׂעִיר) בְּיַד אִישׁ עִתִּי
הַמִּדְבָּרָה ׃ — ··· כֻּלָּם חֲלָלִים נֹפְלִים בַּחֶרֶב אֲשֶׁר־
נָתְנוּ חִתִּיתָם בְּאֶרֶץ חַיִּים ׃ 11 ·· שַׁעֲרוּרִיָּה עָשְׂתָה
מְאֹד בְּתוּלַת יִשְׂ׳ 12 חַכְלִילִי עֵינַיִם מִיָּיִן וּלְבֶן שִׁנַּיִם
מֵחָלָב ׃ — לְמִי אוֹי לְמִי אֲבוֹי לְמִי מִדְיָנִים לְמִי שִׂיחַ
לְמִי פְּצָעִים חִנָּם לְמִי חַכְלִלוּת עֵינָיִם ? ·· 13 יְדֵי
נָשִׁים רַחֲמָנִיּוֹת בִּשְּׁלוּ יַלְדֵיהֶן הָיוּ לְבָרוֹת לָמוֹ בְּשֶׁבֶר
בַּת עַמִּי ׃ 14 וַיֵּצֵא הָרִאשׁוֹן אַדְמוֹנִי כֻּלּוֹ כְּאַדֶּרֶת
שֵׂעָר ׃ — וַיִּפֹּל (עֵלִי) מֵעַל הַכִּסֵּא אֲחֹרַנִּית וַתִּשָּׁבֵר
מַפְרַקְתּוֹ ׃ — אַל תִּזְכְּרוּ רִאשֹׁנוֹת וְקַדְמֹנִיּוֹת אַל־
תִּתְבּוֹנָנוּ ׃ 15 אַכְזְרִיּוּת חֵמָה וְשֶׁטֶף אָף וּמִי יַעֲמֹד
לִפְנֵי קִנְאָה ׃ — אֲנִי אֱלֹהֵיכֶם אֲשֶׁר הוֹצֵאתִי אֶתְכֶם
מִבֵּית עֲבָדִים וָאֶשְׁבֹּר מוֹטוֹת עֻלְּכֶם וָאוֹלֵךְ אֶתְכֶם
קוֹמְמִיּוּת ׃

N° 65. — T. XXI, 6me classe.

1 וְהָיָה הַנֶּגַע יְרַקְרַק אוֹ אֲדַמְדָּם בַּבֶּגֶד אוֹ בָעוֹר
וְהָרְאָה אֶת־הַכֹּהֵן ׃ — יְהִי־דַרְכָּם חֹשֶׁךְ וַחֲלַקְלַקּוֹת

וּמַלְאַךְ ה׳ רֹדְפָם · 2 שִׁחֵת לֹא לוֹ בָּנָיו מוּמָם דּוֹר
עִקֵּשׁ וּפְתַלְתֹּל · — 3 וְהָאסַפְסֻף אֲשֶׁר בְּקִרְבּוֹ הִתְאַוּוּ
תַּאֲוָה ··· וַיֹּאמְרוּ מִי יַאֲכִלֵנוּ בָּשָׂר · — הֲיַהֲפֹךְ כּוּשִׁי
עוֹרוֹ וְנָמֵר חֲבַרְבֻּרֹתָיו · 4 רַבַּת שָׂבְעָה־לָּהּ נַפְשֵׁנוּ
הַלַּעַג הַשַּׁאֲנַנִּים הַבּוּז לִגְאֵיוֹנִים · 5 וּבָאוּ וְנָחוּ כֻלָּם
בְּנַחֲלֵי הַבַּתּוֹת וּבִנְקִיקֵי הַסְּלָעִים וּבְכֹל הַנַּעֲצוּצִים
וּבְכֹל הַנַּהֲלֹלִים · 6 ·· וְהָסֵר זְנוּנֶיהָ מִפָּנֶיהָ וְנַאֲפוּפֶיהָ
מִבֵּין שָׁדֶיהָ · 7 הוֹי הַמַּרְבֶּה לֹּא־לוֹ וּמַכְבִּיד עָלָיו
עַבְטִיט · 8 עֲשֵׂה לְךָ שְׁתֵּי חֲצוֹצְרֹת כֶּסֶף ·· וְהָיוּ לְךָ
לְמִקְרָא הָעֵדָה וּלְמַסַּע אֶת־הַמַּחֲנוֹת · 9 אִם תַּקְרִיב
מִנְחַת בִּכּוּרִים לַה׳ אָבִיב קָלוּי בָּאֵשׁ גֶּרֶשׂ כַּרְמֶל
תַּקְרִיב מִנְחַת בִּכּוּרֶיךָ · 10 ·· מֵהָחֵל חֶרְמֵשׁ בַּקָּמָה
תָּחֵל לִסְפֹּר שִׁבְעָה שָׁבֻעוֹת · 11 הַהֹפְכִי הַצּוּר אֲגַם־
מָיִם חַלָּמִישׁ לְמַעְיְנוֹ מָיִם · — וְלַעֲפָה אֲחָזַתְנִי מֵרְשָׁעִים
עֹזְבֵי תּוֹרָתֶךָ · 12 וַיָּרַח ה׳ אֶת־רֵיחַ הַנִּיחֹחַ ···
13 וְהָיָה (הָרָשָׁע) כְּעַרְעָר בָּעֲרָבָה ··· וְשָׁכַן חֲרֵרִים
בַּמִּדְבָּר אֶרֶץ מְלֵחָה וְלֹא תֵשֵׁב · — עַל־כֵּן מָלְאוּ מָתְנַי

חַלְחָלָה צִירִים אֲחָזוּנִי כְּצִירֵי יוֹלֵדָה נַעֲוֵיתִי מִשְּׁמֹעַ

נִבְהַלְתִּי מֵרְאוֹת · 14 כָּל־עֵצֶךָ וּפְרִי אַדְמָתֶךָ יְיָרֵשׁ

הַצְּלָצַל · — וּשְׁתֵּי שַׁרְשְׁרוֹת זָהָב טָהוֹר מִגְבָּלוֹת תַּעֲשֶׂה

אֹתָם מַעֲשֵׂה עֲבֹת · 15 וָאֶהְיֶה (לוֹ) שַׁעֲשֻׁעִים יוֹם

יוֹם מְשַׂחֶקֶת לְפָנָיו בְּכָל־עֵת · 16 כֹּה־אָמַר הָאֵל רֹ׳׳ל

בֹּרֵא שָׁמַיִם וְנוֹטֵיהֶם רֹקַע הָאָרֶץ וְצֶאֱצָאֶיהָ נֹתֵן נְשָׁמָה

לָעָם עָלֶיהָ וְרוּחַ לַהֹלְכִים בָּה · 17 שִׂימֵנִי כַחוֹתָם עַל־

לִבֶּךָ כִּי־עַזָּה כַמָּוֶת אַהֲבָה קָשָׁה כִשְׁאוֹל קִנְאָה רְשָׁפֶיהָ

רִשְׁפֵּי אֵשׁ שַׁלְהֶבֶתְיָה · 18 וְרָאָה אֶת־הַנֶּגַע וְהִנֵּה

הַנֶּגַע בְּקִירוֹת הַבַּיִת שְׁקַעֲרוּרוֹת יְרַקְרַקֹּת אוֹ

אֲדַמְדַּמֹּת וּמַרְאֵיהֶן שָׁפָל מִן־הַקִּיר · 19 וְאֶת־הָאֲנָשִׁים

אֲשֶׁר־פֶּתַח הַבַּיִת הִכּוּ בַסַּנְוֵרִים מִקָּטֹן וְעַד־גָּדוֹל

וַיִּלְאוּ לִמְצֹא הַפָּתַח ·

תם ·

מלמד לשון עבר

IMPRIMERIE DE PROSPER DONDEY-DUPRÉ,
Rue Saint-Louis, N° 46, au Marais.

מלמד לשון עבר

NOUVELLE MÉTHODE

POUR APPRENDRE

LA LANGUE HÉBRAÏQUE,

PAR M. FRANCK,

MEMBRE DE LA SOCIÉTÉ ASIATIQUE DE PARIS.

Donnez toutes vos leçons en exemples, et soyez sûr de leur effet. R.

PARIS,

F.-G. LEVRAULT, LIBRAIRE-ÉDITEUR,

Rue de la Harpe, N° 81;

MÊME MAISON, A STRASBOURG;

ET A LA LIBRAIRIE ORIENTALE DE PROSPER DONDEY-DUPRÉ,

RUE RICHELIEU, N° 47 *bis*.

1834.

CONSISTOIRE CENTRAL DES ISRAÉLITES.

EXTRAIT DES REGISTRES DES DÉLIBÉRATIONS.

Séance du 3 *Mars* 1833.

Vu la lettre en date de ce jour de Mr. M. Franck, qui soumet à l'approbation du Consistoire central un ouvrage manuscrit ayant pour titre : *Méthode nouvelle pour apprendre la Langue hébraïque*, et tendant à faciliter aux enfans des écoles israélites l'étude de la langue sacrée;

Vu l'avis favorable sur cet ouvrage donné par M. le Grand-Rabbin du Consistoire central, qui s'exprime en ces termes : « Ayant examiné » l'ouvrage présenté par Mr M. Franck sous ce titre : *Méthode nou-* » *velle pour apprendre la Langue hébraïque*, tendant à faciliter » l'étude de cette langue et à inspirer à la jeunesse le goût des livres » sacrés, et trouvant que non-seulement il est propre à remplir cet objet, » mais aussi que la marche de la méthode est aussi simple et facile que » solide et exacte, je crois qu'il est de mon devoir de le recommander » aux écoles israélites, et j'atteste qu'il mérite l'approbation du Con- » sistoire; »

Vu également l'avis de M. le Grand-Rabbin du Consistoire de la circonscription de Paris, qui déclare entre autres « que cette méthode ne » peut être que de la plus grande utilité pour la jeunesse israélite, en » ce qu'elle facilite l'étude de la langue sainte, et abrège le tems que » cette étude réclamait jusqu'à ce jour; »

Vu l'art. 18 de l'ordonnance royale du 20 août 1823, ainsi conçu : « Il ne pourra être employé dans les écoles aucun livre qui ne soit » approuvé par le Consistoire central, du consentement des Grands- » Rabbins; »

Désirant encourager la publication d'un ouvrage dont l'utilité nous semble démontrée;

Le Consistoire central approuve le Manuscrit ayant pour titre : *Méthode nouvelle pour apprendre la langue hébraïque*, et en recommande l'introduction dans les écoles israélites du royaume.

Fait en séance consistoriale, à Paris, les jour, mois et an que dessus.

Les Membres du Consistoire central,

RODRIGUE aîné, Président, etc.

Préface.

Nous n'avons pas le dessein de nous étendre ici sur l'utilité et l'importance de la langue hébraïque. Les immortels ouvrages des Herder, des Vater, des Gesenius, des Devette et de tant d'autres, qui en ont presque fait une langue classique en Allemagne, nous dispensent de ce soin. En France même, nous avons vu paraître successivement depuis quelques années des ouvrages estimables, tels que le Dictionnaire, la Grammaire et la Chrestomathie de M. Glaire, professeur d'hébreu à la faculté de théologie de Paris, à qui on ne peut contester la gloire d'avoir donné une forte impulsion à l'étude de la langue sainte. Ces différens ouvrages sont pour nous d'un heureux augure ; ils nous font espérer que notre patrie ne restera pas en arrière plus long-tems, et que les études bibliques n'y seront pas moins florissantes qu'elles ne le sont aujourd'hui en Allemagne. Mais, tout en reconnaissant le grand mérite des grammaires de Gesenius, de Vater, et surtout de celle de M. Glaire, dont la syntaxe nous offre un grand nombre d'aperçus nouveaux, qui ont été fournis à l'auteur par ses connaissances étendues dans les autres langues orientales, nous avons cru nous apercevoir que leur perfection même est, pour bien des personnes, une entrave qui les arrête, et souvent même les rebute dès les premiers pas. D'ailleurs une grammaire peut bien donner les règles, mais il nous semble que c'est surtout la pratique et l'application de ces mêmes règles qui facilitent et accélèrent les progrès. On a bien publié en Allemagne quelques ouvrages de cette nature ; mais ils sont loin d'avoir atteint le but, et, il faut l'avouer, c'est encore à M. Glaire que nous devons la Chrestomathie la mieux faite. Mais il est pourtant quelques points de vue sous lesquels un livre de ce genre pourrait être plus élémentaire, et c'est là le motif qui nous a porté à mettre au jour cette *Nouvelle Méthode*, au moyen de laquelle on peut apprendre l'hébreu de la même manière qu'on apprend les autres langues anciennes et modernes, c'est-à-dire non-seulement comme un objet d'érudition, mais plutôt pour pouvoir lire dans leur propre langue les écrivains sacrés, comme on lit les auteurs grecs, latins, etc. Le plan que nous avons suivi dans cet ouvrage, et qui nous a été tracé par une mûre réflexion et par une longue expérience, lui donne l'avantage de pouvoir être employé avec fruit dans les écoles israélites, ainsi que dans toute autre institution.

Nous avions d'abord eu l'intention d'ajouter à notre travail un Guide complet, accompagné de notes philologiques; mais, considérant que ce guide serait devenu un nouveau volume aussi gros que celui de la *Méthode* même, et que le goût de cette langue ne faisant que de naître en France, on serait généralement peu disposé à faire l'acquisition d'un ouvrage dont le prix fût devenu beaucoup plus élevé, nous avons renoncé à ce projet pour le présent. Nous nous contenterons de donner un abrégé de ce guide, qui, avec la grammaire de M. Glaire, sera suffisant et pour les maîtres qui l'enseignent et pour les personnes qui veulent s'instruire elles-mêmes ; car, quant aux jeunes élèves, il ne leur faut d'autre grammaire que le professeur lui-même, et comme le dit notre devise : Ayez soin de donner toutes vos leçons en exemples.

Après avoir donné à un commençant les notions et les règles d'orthologie les plus indispensables, on pourra lui faire apprendre d'abord très-mécaniquement les pronoms (t. I, a), ensuite lui donner n° 1 à analyser et à traduire, au moyen du lexique ; c'est ce qu'il fera lui-même sans beaucoup de difficulté. Pour ne rien donner à la routine, et pour rendre ses progrès sûrs, rapides et durables, il faut avoir soin de faire faire à l'élève lui-même l'analyse de chaque mot avant de le traduire. Ainsi, dans cet exemple : חֲתַן הַמֶּלֶךְ אָנֹכִי l'élève trouvant dans le lexique חָתָן *gendre*, n'hésiterait pas à le traduire sans l'avoir analysé et sans avoir aperçu son rapport de *status constructus* ou *génitif* ; mais il faut se garder de s'en contenter. Au lieu donc de commencer par traduire, on doit lui faire observer, d'abord la différence de la vocalisation de חֲתַן avec חָתָן, et en lui montrant sur le tableau synoptique l'exemple-modèle בְּקַר הַבַּיִת lui expliquer la différence du *scheva* composé, etc. De même pour אָנֹכִי il faut lui montrer également, avant de le traduire, que c'est la 1re pers. sing., et ainsi de suite. L'élève, à moins d'être tout-à-fait stupide, sentira à l'instant que *gendre du roi moi* n'est pas une idée complète, et ne manquera pas d'en faire l'observation ; le professeur lui apprendra alors que, d'après une règle générale, le verbe *être* se sous-entend quand son sujet est un pronom. On aura rarement besoin de lui répéter la même règle, vu qu'il est forcé d'en faire l'application dès la phrase suivante pour la bien traduire. Je remarquerai encore qu'il serait utile que le professeur se contentât de faire traduire uniquement la *Méthode*, sans lui offrir la Bible elle-même, si ce n'est pour lui laisser de tems en tems essayer ses forces et lui ménager le plaisir de sentir lui-même les progrès qu'il aura faits. Arrivé au n° 55, on donnerait à traduire (toujours en analysant comme nous l'avons dit), les chapitres les plus faciles de la Genèse, de Josué, etc., tout en continuant les numéros suivans de la *Méthode*, mais sans se presser, attendu que ces numéros sont destinés à donner une connaissance exacte de l'étymologie, et que les exemples en sont assez difficiles. Quant aux personnes qui veulent s'instruire elles-mêmes, elles feraient bien de se servir de la Chrestomathie de M. Glaire, jusqu'à ce qu'elles se sentent assez sûres et assez fortes pour découvrir partout la racine, et assez habituées à l'analyse pour ne pas tomber dans la routine. Ces quelques mots suffiront au lecteur pour lui donner une idée de la marche à suivre dans l'emploi de cette *Méthode*.

LEXIQUE

DE LA MÉTHODE.

VALEUR ET SIGNIFICATION DES LETTRES
ב, כ, ל, מ, ה, וְ, וַ.

בְּ mis devant les substantifs et les pronoms, marque les rapports suivans : 1° *dans, en* (ex. 10); 2° *vers, envers, contre* (ex. 26); 3° *où, y* (ex. 27); 4° *dedans* (ex. 28); 5° *de, parmi, entre* (ex. 32); 6° *sur* (ex. 33); 7° *à* (ex. 40); 8° *par, pour, avec* (Voy. tableaux suiv.).

– Avec זֶה, il se rend par *ici*, c'est-à-dire dans cet endroit (ex. 43).

– Avec יום, *lors, lorsque, alors, quand*, etc.

– Avec אֲשֶׁר, *parce que, puisque, là, où* (ex. 41).

– Avec בַּ״עֲבוּר (de עבר, *passer sur*), *sur quoi, pour cela*; בִּ״גְלַל (de גלל, *tourner*), *à cause*. Pour ב״עד, voyez le Dictionnaire.

כְּ marque le rapport d'égalité et de comparaison (ex. 34), et se rend par *comme, de même, tant que, aussi bien que*.

– Devant les gérondifs, il se traduit souvent par *quand, lorsque* (ex. N° 2-27, et N° 3-25), et devant les nombres par *à peu près*, כְּעֶשֶׂר — 10.

– Devant אֲשֶׁר, *que* (ce qui forme כַּאֲשֶׁר), se traduit par *comme*, ou par *ainsi que*. (Voyez le reste dans le Dict.)

לְ marque généralement le datif, *à, au*, etc. Il exprime aussi quelquefois le génitif *de*, et l'ablatif *par*. Dans l'ex. 18, rendez-le par *pour*, 3° par *avec* (Voy. *Genèse* 8-19).

Remarque. Cette lettre sert aussi, comme le datif latin,

à exprimer le verbe *avoir*, et ce verbe est très-souvent sous-entendu (ex. 11, 12 et 13). Voyez aussi le Dictionnaire pour לְמַעַן , לַשָּׁוְא et לָרִיק.

מֵ (מִ) abrégé de מִן , est l'ablatif latin ; il se rend par *de*, et exprime l'éloignement et la séparation (ex. 4 et 10). On s'en sert aussi dans les comparatifs pour exprimer *plus que* (ex. 22 et 36).

Remarque. La ponctuation propre des trois autres lettres est (:), qui se change souvent en voyelle par des causes d'ortholégie. (Voy. Gramm., § 87, etc.) En poésie, elles deviennent des particules séparées en s'adjoignant la syllabe מוֹ ; ex. : בְּמוֹ , כְּמוֹ , לְמוֹ .

ָה- sans accent, est un cas local apposé à la fin des noms communs, *ville*, *terre*, etc., et des noms propres de ville, pour marquer le lieu vers lequel on se dirige pour s'y rendre (ex. 9).

וְ (וּ , וִ , וָ) exprime toutes sortes de conjonctions, *et*, *mais*, *ou*, *qui*, *afin que*, *pour que*, *aussi*, etc. Ce וְ est aussi quelquefois ו conversif qui change le tems parfait en futur (N° 10, ex. 18 et 30, sur les changemens du *scheva* (:) en voyelle. Voy. Gramm., § 405).

וַ (וַּ) exclusivement conversif, change le futur en imparfait ou aoriste (N° 10, ex. 2, 3, etc.). Sa ponctuation propre est (ַ) *patah* suivi d'un point (•) qu'on met dans la lettre qui vient immédiatement après ; mais si cette lettre est une des gutturales, le (ַ) se change en (ָ). Voyez l'Ortholég., § xv A, et Gramm., § 404.

1

חָצֵר cour.
שׁוֹפֵט juge.
מִצְוָה ordonnance.
מֶלֶךְ roi.
קָרוֹב proche (*adj.*).
רָחוֹק loin. —
חָתָן gendre.
שִׁפְחָה servante.
כֹּהֵן prêtre.
עֶבֶד valet, serviteur.
רְבָבָה myriade.
גָּדוֹל grand (*adj.*).
הלך aller.
חֶדֶר chambre.
קָטָן petit (*adj.*).
שלח envoyer.
עִיר ville.
יֶלֶד enfant.
נפל tomber.
גַּג toit.
בּוֹר fosse.
יֵשׁ il y a.
עוֹף oiseau.
אֵין ne point.
כָּנָף aile.
כֹּל tout.
מַה quoi. (*V. T.*)

פֹּה ici.
חֶרְפָּה honte.
אמר dire.
שכח oublier.
עזב abandonner.
לקח prendre.
שמע entendre.
קבר enterrer.
[אֵי] אַיֵּה où.
מָקוֹם lieu.
בגד* être faux.
בְּ envers.
קְעָרָה plat.
חֶמְאָה lait.
ידע savoir.
אִישׁ homme.
בחר choisir.
אִשָּׁה femme.
אֵל Dieu.
אֶרֶץ terre.
גֵּר étranger.
חֹק loi.
אֶחָד un, une.
שָׂדֶה champ.
בַּיִת maison.
אוּלָם vestibule.
נַעַר garçon.
יוֹם jour.

שָׁם là.
נתן donner.
אֱלֹהִים Dieu.

2

שמר garder.
כֶּבֶשׂ brebis.
שקל peser.
כֶּסֶף argent.
עַל sur.
שֻׁלְחָן table.
שרף brûler.
עֵצִים bois.
מכר vendre.
מַדּוּעַ pourquoi.
ברח fuir.
כָּכָה ainsi.
לָמָּה pourquoi.
לֹא ne pas.
סגר fermer.
שַׁעַר porte.
למד apprendre.
רֶכֶב char.
רכב monter.
אֶמֶשׁ la veille.
שפט juger.
מִשְׁפָּט justice.
צֶדֶק équité.

תפר coudre.
יְרִיעָה tapis.
אַחַת אֶל אַחַת } ensemble.
דָּבָר parole.
כתב écrire.
סֵפֶר lettre.
אָמָה esclave.
בְּאֵר fontaine.
שאב puiser.
נָא je te prie, de grâce.
גַּם aussi.
מַיִם eau.
סגר fermer.
חֶבֶל corde.
קשר lier.
חַלּוֹן fenêtre.
לְמַעַן afin que.
רחץ baigner.
משל dominer.
נָשִׁים femmes.
אֲנָשִׁים hommes.
עבד travailler.
אֲדָמָה terre.
מלך régner.
עַם peuple.
עֵת tems.
תפש saisir.

כִּנוֹר harpe.
תֹּף timbale.
דֻּבָּה ourse.
רבץ accroupir.
תַּחַת sous.
עֵץ arbre.
בֶּגֶד vêtement.
קרע déchirer.
נוֹד outre.
בקע fendre.
פגע rencontrer.
רדף poursuivre.
אֶרֶץ pays.
הלך aller.
שאל demander.
נָבִיא prophète.
שבת cesser.

3

פחד effrayer.
חֲלֹם songe.
לַיְלָה nuit.
הֲלֹא n'est-ce pas.
פקד souvenir.
אֵשׁ feu.
שבר casser.
כַּד cruche.
שפך répandre, verser.

עזר * défendre.
סגר livrer.
יַד main.
אוֹיֵב ennemi.
מִבְצָר forteresse.
מלט échapper.
הִשָּׁמֵר être sur ses gardes, se garder.
פֶּן afin que non.
השבע jurer.
כַּיּוֹם à cette heure.
בדל séparer.
הַר montagne.
גַּם כִּי quand même.
כִּי car.
צעק crier.
דַּם sang.
סקל lapider, jeter des pierres.
רגם lapider, enterrer sous un tas de pierres.
לא־עוד plus.
אַחֵר autre.
מָתַי quand.
גאל délivrer.
צַר oppresseur.
אִם si.

חַיִּים vivant.
הַיּוֹם aujourd'hui.
כִּי car.
גבר être fort.
עבר passer.
רֹב longueur.
דֶּרֶךְ chemin.
בְּעַד par.
פתח ouvrir.
אָנָה où
בֵּן fils.
צַד côté.
מְרַגֵּל espion.
יצא sortir.
בֹּקֶר matin.
קוֹל bruit.
מִלְחָמָה guerre.
בהל effrayer.
מְלָאכָה affaire.
חדל cesser.
הלחם faire la guerre.
צלח réussir.

4

זבח immoler.
אַיִל bélier.
צלח traverser.
אסף s'assembler.

מִקְנֶה troupeau.
קוֹל voix.
אסף accueillir.
עָנִי malheureux.
עִקֵּשׁ tortueux.
רָשָׁע méchant.
עמד se tenir.
שען s'appuyer.
נָהָר fleuve.
חרש labourer.
נַחַל vallée.
אֵיתָן rocailles.
זרע ensemencer.
עבד cultiver, servir.
שֵׁשׁ six.
שָׁנִים années.
שְׁבִיעִית septième.
חָפְשִׁי libre.
בֶּצַע profit.
הרג tuer,
כִּי quand.
נָקִי innocent.
ענש punir.
כשל tomber.
בוֹר fosse.
חפר creuser.
חצב tailler.
מִסְפָּר nombre.

מֹאזְנַיִם balances.
בְּיוֹם lors.
קרא appeler.
מִשְׁתֶּה festin.
נַעַר jeune.
וְעַד et.
זָקֵן vieux.
מְאֹד fort (*adj.*).
כסף être désireux.

5

בקש chercher.
שלח renvoyer.
שָׁלוֹם paix.
גרש chasser.
ספר raconter.
דבר parler.
מהר se hâter.
אבד perdre.
נֶפֶשׁ personne.
גלח tondre.
שְׂעָרָה cheveux.
רֹאשׁ tête.
כבד honorer.
אָב père.
אֵם mère.
כבס laver.
מַעֲשֶׂה action.
מִיּוֹם depuis.
שבח célébrer.
גאל venger.
שחת détruire.
מַצֵּבָה cippe.
עבד servir, adorer.
שבר briser.
אֲשֵׁרָה bois sacré.
גדע couper.
בקש désirer.
עַד jusques.
חֲצִי moitié.
מַלְכוּת royaume.
רַב immense.
כֹּחַ force.
רוּחַ vent.
סְעָרָה tempête.
אֶרֶז cèdre.
בתר trancher.
עֵז chèvre.
בֶּתֶר pièce.
בשל cuire.
בָּשָׂר viande.
בטח confier.
רָעָה mal.
חָכְמָה sagesse.
גדל grandir.
שְׁקֵדָה amande.

בשל mûrir.
פֵּרוֹת fruits.
רגל épier.
שׂמח réjouir.
לֵב cœur.
עֹרֵב corbeau.
טוֹב du bien.
רָע du mal.

6

פָּרוּר pot.
טרף déchirer.
חַיָּה bête.
רָע féroce.
אכל dévorer.
שִׂמְלָה habit, toile.
גנב voler.
עֶבֶד esclave.
גַּנָּב voleur.
עָפָר terre.
אֵפֶר poussière.
לקח tirer.
מלט sauver.
אָנָּא de grâce.
קבץ rassembler.
שֵׁנִית deux fois.
פזר disperser.
צַדִּיק juste.

רַעֲנָן arbre touffu.
פרח fleurir.
כרת exterminer.
חזק affermir.
יָדַיִם mains.
רָפוֹת tombantes.
פַּח plaque.
רקע étendre.
מִזְבֵּחַ autel.
טנף salir.
אכל manger.

7

כִּי lorsque.
משש fouiller.
אֹהֶל tente.
אוֹ ou.
שלם payer.
בקש demander.
פשע manquer.
חלק partager.
דָּג poisson.
מִשְׁפָּט droit.
גַּם même.
דֹּב ours.
בער brûler.
כִּיר foyer.
עֲבֹדָה travail.

חָזָק fort.
נשב souffler.
לַיְלָה nuit.
פרק arracher.
סֶלַע rocher.
הוֹן trésor.
כְּסִיל sot.
חָכָם sage.
חָרוּץ laborieux.
עשר être riche.
נחם consoler.
אבד égarer.
לבש revêtir.
טלא rapetasser.

8

כבד être dur.
לְבִלְתִּי de ne pas.
חָמֵץ pain levé.
שְׂאוֹר levain.
קטר brûler.
קְטוֹרֶת encens.
זָר étranger.
מעט être peu.
לקט ramasser.
נחל posséder.
דבר (לְ־) promettre.
לעט avaler.

נָזִיד mets.
טָמֵא impur.
טָהוֹר pur.
קָדוֹשׁ saint.
כָּלָה entièrement.
אָדוֹן maître.
חֹלֶה malade.
פַּעַם fois.
כִּי אִם mais.
מְעַט מְעַט peu à peu.
אֵשֶׁת femme.
חַיִל vertu (force).
רעב avoir faim.
אֶבְיוֹן nécessiteux.
ה)שבר vendre du blé.
בָּר provisions.
אֹהֵב ami.
ה)קרב offrir.
קָרְבָּן sacrifice.
זָכָר mâle.
תָּמִים intact, sans défaut.
גבה être haut.
עֶשֶׂר dix.
ה)חזק tenir (ferme).
גּוֹי peuple.
נַחֲלָה possession.
שַׂר chef.

מַשְׁקֶה échanson.

זכר (se) souvenir.

שׁפל être bas.

שָׁפָל bas (*adj.*).

שֶׁמֶשׁ soleil.

יָרֵחַ lune.

אוֹר lumière.

חֹשֶׁךְ ténèbres.

9

(ה)פקד préposer.

כְּלִי vase.

טוֹב bon.

מְאֹד מְאֹד extrêmement.

כלם offenser.

שׁכן séjourner.

טֶרֶם pas encore.

שָׂעִיר chevreau.

עמד tenir êt. debout.

לִפְנֵי devant.

פֶּתַח entrée.

קרב s'approcher.

נגע toucher.

(ה)חרם vouer à l'extermination.

10

שׂחק jouer.

עִם avec.

מִפְּנֵי de devant.

גֹּרֶן grange.

טמן cacher.

אֲבָל mais.

רַע méchanceté.

לֵבָב cœur.

יִרְאָה crainte.

שְׁאֵלָה demande.

אַחַת une.

ענשׁ punir.

כשׁל être pris (dans le piége).

סוֹד conseil.

שׁאר êt. de reste.

טַף petits enfans.

(לֹא) אִישׁ personne.

כִּי אִם excepté.

חרד s'effrayer.

עכר affliger.

מְאֹד très.

סָבִיב alentour.

נקם venger.

מְתֵי מִסְפָּר mortels en petit nombre.

עזב quitter.

תקע sonner.

שׁוֹפָר cor.

אַחַר après.
(ה)שלך jeter.
עַל près.
מִדְבָּר désert.
(ה)אזן écouter.
צֶמֶר laine.
שכב se coucher.
פחד craindre.
נָא donc.
שקר mentir.
שׂבע se rassasier.
רדף poursuivre.
רֵיק frivolité.
רעב mourir de faim.
עָצֵל paresseux.
חסר manquer.
בלל pétrir.
דְּבַשׁ miel.
נעם être doux.
חֵיךְ palais.
קצף fâcher.
דרשׁ informer.
חקר rechercher.
הֵיטֵב bien.
טֶרֶם avant.
חַיִל valeur.
גבר vaincre.
נַעֲרָה fille.

מטר pleuvoir.
שׁוֹר taureau.
חֲמוֹר âne.
יַחַד ensemble.
עשׂק disputer.
שָׂכָר salaire.
שָׂכִיר ouvrier.
צְעָקָה cri.
צדק être juste.
(ה)רשע être pris pour méchant.
כחש nier.
לְמַעַן pour.
דבק s'attacher.
בָּרֵךְ bénir.
אהב aimer.
טוֹב le bien.
יֹשֶׁר droiture.
שׂנא haïr.
שָׁרֵת servir.
צָעִיר cadet.
בְּכוֹר aîné.
כְּ־ selon.
לְ־ pour.
דֶּרֶךְ usage.
אִם quand.
עַד אֵלֶּה jusque là.

אמן être ferme (avoir foi).
קֶרִי contraire.
יסף continuer.
יסר châtier.
שָׂדֶה forêt.
שכל dépeupler.

11

נתץ démolir.
נטע planter.
כֶּרֶם vigne.
בצר vendanger.
עֵנָב raisin.
נדר vouer.
נֶדֶר vœu.
עֵדֶר troupeau.
שלח mettre.
לקח prendre.
עֵגֶל veau.
בֶּן שָׁנָה d'un an.
טבח égorger.
נסע partir.
נשׂא porter.
אֶבֶן pierre.
ערך préparer.
נגש avancer.
בָּנוֹת filles.

נגף frapper (de mort).
בְּכוֹר premier né.
נטר garder.
שִׂנְאָה haine.
נְקָמָה vengeance.
אַךְ pourtant.
נטש abandonner.
מוּסָר correction (leçon).
נגח frapper (de la corne).
נזל couler.
מַעְיָן source.
נבע jaillir.
עֵת tems.
עקר arracher.
מאן refuser.
בְּלִי sans.

12

מָטָר pluie.
נתך répandre.
יצב être debout.
נצל sauver.
פִּי / פֶּה bouche.
אֲרִי lion.
כֵּן de même.
חֶרֶב glaive.

זָהָב de l'or.	חלם songer.
נאץ dédaigner.	סֻלָּם échelle.
לעג insulter.	
נשל tomber.	**13**
זַיִת olive.	ילך aller.
אסף cueillir.	אַחֶרֶת autre.
(ה)גד rapporter.	ידע savoir.
נטל tomber, jeter.	ישב s'asseoir.
גּוֹרָל sort.	עִם auprès.
בזז piller.	כֹּה là.
נגה briller.	אוּלַי peut-être.
צָהֳרַיִם midi.	נשׂג atteindre.
חָסִיד homme de bien.	חוּץ rue.
גָּאוֹן hauteur.	עָב nuage.
(ה)בט regarder (en haut).	ירד descendre.
ספר compter.	רַק seulement.
כּוֹכָב astre.	ארב guetter.
אֱגוֹז noix.	ישׁן s'endormir.
(ה)גד annoncer.	בִּקְעָה vallée.
בְּשׂרָה annonce.	עֵשֶׂב des plantes.
דִּמְעָה larme.	זְאֵב loup.
שֶׁבֶר chute.	יַעַר forêt.
בַּת citadelle.	יגע se fatiguer.
מְאוּמָה rien.	לָרִיק inutilement.
חֵלֶק part.	נָכְרִי étranger.
קֶרֶב intérieur.	פָּרָה vache.
שֵׁבֶט tribu.	יחם s'échauffer.
יצק répandre.	יעף être fatigué.

יקץ s'eveiller.
ירש posséder.
ישב demeurer (habiter).
נֵכָר étranger.
אֹזֶן oreille.

14

אָכֵן certes.
ידע connaître.
חשך empêcher.
ישע sauver.
יקש tomber en piége.
אֹמֶר parole.
עַל כֵּן c'est pourquoi.
הִוָּסֵר se corriger.
תָּמִים intègre.
אֱמֶת fermeté.
לַשָּׁוְא en vain.
יסד concerter.
יַחַד ensemble.
יעד s'assembler.
מֵאָז dès-lors.
שַׁחַת tombe.
בלע engloutir.

15

זכר se souvenir.
יחל attendre.
ה)ירש chasser.
ה)ילך emmener.
ינק têter.
יקע pendre.
כרע s'agenouiller.
יטב être bien.
יבל porter.
מִנְחָה présent.
סלח pardonner.
יעל être utile.
אַכְזָר cruel.
שַׂק sac.
גָּמָל chameau.
ה)ילך conduire.
ה)יכח faire des reproches.
קָשׁוֹת durement.

16

אבד périr.
מַגֵּפָה peste.
אבל être triste.
שׂמח se rejouir.
אגר cueillir.
פאר ébrancher.
יָתוֹם orphelin.
אַלְמָנָה veuve.

יתר laisser le reste.
נִשְׁאָר autre.
אחז saisir, prendre par le bras.
אהל dresser des tentes.

17

ברא créer, former.
חטא manquer (envers).
כלא enfermer.
קרא appeler.
(אֶל) קרא crier (vers), prier.
רוּחַ esprit.
עֵדָה assemblée.
עַל אוֹדוֹת à cause.
רפא guérir.
מחץ blesser.
נֶגַע maladie, attaque.
מלא remplir.
יַיִן vin.
תּוֹעֵבָה horreur.
טמא souiller.
הֵנָּה à présent.
כעס chagriner.
מִקְדָּשׁ sanctuaire.
ירא craindre.
מצא trouver.

18

אַךְ mais.
אבה vouloir.
שמע écouter.
אלה maudire.
ארר* être en horreur, être maudit.
צפן cacher.
בָּצֵק pâte.
אפה cuire.
מַצָּה gâteau.
חמץ lever (fermenter).
ראה voir.
עשׂה faire.
אֶתְמוֹל hier.
בכה pleurer.
מֵת mort.
הַיּוֹם aujourd'hui.
עוֹד encore.
חַי vivant.
רעה paître.
צֹאן menu bétail.
ברה goûter (manger).
תְּאֵנָה figue.
רדה dominer.
דָּגָה poisson.
רמשׂ mouvoir.
כרה creuser.

שתה boire.
גוע périr.
צָמָא soif.
שעה faire attention.
שֶׁקֶר mensonge.
פנה s'adresser.
גֹּאֵל parent (vengeur).
היה être.
עלה monter.
קנה acheter (travailler).
דלה puiser.
תעה errer.
ענה répondre (crier).
שמע obéir.
געה mugir.
ראש sommet.
גִּבְעָה colline.
שבה faire prisonnier.
פדה racheter, (détacher).
שְׁבִי capture.
חנה camper.
פַּח filet.
מוֹקֵשׁ piége.

19

יָפָה belle.

תֹּאַר figure.
בנה bâtir.
לכד conquérir.
ה)חָלה être mortifié.
כִּמְעַט peu s'en faut.
היה devenir.
דמה ressembler.
מֶלַח sel.
דכה piler.
סִיר pot.
(כסף)חפה argenter (couvrir d'argent.).
גלה aller en exil.
טוֹבָה bonne action.
סֵתֶר secret.
כִּפְלַיִם doublement.
ה)קוה se retirer (restreindre).
ה)עלה rester en haut.
כבה éteindre.
נֵר lumière.
עֲבֹדָה travail.
ה)רפה être fainéant.
לָבֶטַח tranquille.
גֶּפֶן vigne.
שלה être tranquille, sans inquiétude.
חשק s'attacher.

20

צוה commander.
עָנָן nuée.
כסה couvrir.
מִשְׁכָּן demeure.
מִזְלָגָה fourchette.
חפה couvrir.
כלה achever.
רמה tromper.
קוה espérer.
פנה nettoyer.
נָשִׂיא prince.
שְׂרֵפָה incendie.
חפץ désirer.
יְשׁוּעָה salut.
מְדֹכָה mortier.
ענה opprimer (faire crier).
קֶרֶשׁ planche.
צפה couvrir.
אֶדֶן piédestal.
נְחֹשֶׁת bronze.
רוה rassasier.
טוב bien.
כסה cacher.
מנה partager.
מָזוֹן nourriture.
לֶחֶם pain.
פתה persuader.
כִּי que.
תֵּבָה Thébah.
השקף regarder (*horizontalement*).
פָּנִים surface.
שָׂדֶה campagne.
גבר s'accroître.
מְאֹד מְאֹד extrêmement.
מַאֲכָל nourriture.
חיה faire vivre.

21

קָדִים est.
אַרְבֶּה sauterelles.
כָּבֵד fort.
תַּפּוּחַ orange.
תַּנּוּר four.
יבש sécher.
עֶרֶב soir.
כלה consumer.
חָסֵר manque.
לוּלֵי sinon.
רצה agréer.
יָשָׁר droit.
חזק être fort.
אמץ être ferme.
דכה repousser.

בְּרָכָה bénédiction.
דָּגָן grains.
חֵלֶב graisse.
חִטִּים froment.
אַרְבָּעִים quarante.

22

ה)שקה abreuver, arroser.
גַּן jardin.
אלה jurer.
ינק sucer.
רבה multiplier.
כְּלִי vase.
שֶׁמֶן huile.
רַב beaucoup.
בָּצָל oignon.
סוס cheval.
(ה)לוה prêter.
טוה filer.
חצה partager.
רפה tomber.
גרה exciter.
רִיב dispute.
מָדוֹן querelle.
חסה protéger.
חשה se taire.
לַחַץ oppression.
לחץ opprimer.

שֶׂה agneau.
אבד égarer.
רֹעֶה pasteur.
הַרְבֵּה beaucoup.

23

תַּבְנִית structure.
מַעֲרָכָה rang.
ה)חלה devenir malade.

24

עֲגָלָה voiture.
חיה vivre.
חדה se réjouir.
מַבּוּל* destruction (anéantissement.)
מחה noyer.
יְקוּם substance.
שַׂר chef.
אֹפֶה boulanger.
פתר expliquer.
שְׁלֹשָׁה trois.
סַל corbeille.
מלא remplir.
מַעֲשֵׂה אֹפֶה pâtisserie.
פנה détourner.
עֶלְיוֹן supérieur.

קֶצֶף colère.
שכר s'enivrer.
פָּרֹכֶת* rideau (*d'interruption.*)
חרה s'enflammer de colère.
הֶבֶל vain, frivole.
חֹדֶשׁ mois.
שֵׁבֶט sceptre.
בַּרְזֶל fer.
צַוָּאר cou.

25

קום se lever.
נָבִיא prophète.
נחה conduire.
שָׁנָה an.
אוץ presser.
שחת dégénérer.
סור s'écarter.
לוש pétrir.
עֻגָּה gâteau.
גוּר demeurer.
אֵיךְ comment.
קוץ avoir du dégoût.
מוש bouger.
חסר diminuer.
זון nourrir.

צמח germer.
חול trembler.
דון juger.
חוס protéger.
קרה rencontrer, arriver.
אָסוֹן accident.
יָעֵף fatigué.
דֶּרֶךְ voyage.
חוד donner un énigme
חִידָה énigme.
הגד dire.
שְׁלשִׁים trente.
נוס fuir.
שוף blesser.
ראשׁ tête.
נָחָשׁ serpent.
עָקֵב talon.
נוח reposer.
דושׁ battre les grains.
מְעָרָה caverne.
מַלְאָךְ ange.
סֹלֶת fleur de farine.

26

גִּבּוֹר héros.
סוג reculer.
אָחוֹר en arrière.

קְרָב combat.
פַּחַד terreur.
מוג être découragé (se fondre).
פוץ disperser.
צָבָא armée.
בוך troubler.
פָּלִיט fuyard.
עור éveiller.
שֵׁנָה sommeil.
נוע secouer (agiter).
אֳנִיָּה vaisseau.
שוט ramer.
סַעַר tempête.
מַלָּח marin.
יָגֵעַ fatigué.

27

בושש tarder.
היה arriver.
נוס(ס pousser.
מות(ת tuer.
נָבָל scélérat (vaurien).
מִרְמָה ruse.
קום ériger.
מַצֵּבָה monument.
כִּסֵּא trône.
בָּרִאשׁוֹנָה anciennement.
נוֹרָא redoutable.
חול ébranler.
אַיָּלָה biche.
חשף dépouiller.
יַעַר forêt.
צְדָקָה justice.
רום élever.
חֶסֶד honte.
לְאֹם nation.
חַטָּאת vice.
סְעָרָה tempête.
פוץ briser.

28

בוש rougir (honte).
גָּפְרִית souffre.
מָקוֹם endroit.
ספה engloutir.
עָוֹן* châtiment.
אֲפֵלָה obscurité.
בָּרָק éclair.
אור éclairer (illuminer).
טול tomber (jeter).
סער être soulevé.
חשב penser.
זעף être en fureur.
כון préparer.

לוֹט envelopper.

לוּץ plaider.

מוֹת mourir.

שְׁאוֹל tombe.

נוּד secouer.

(ה)אמן croire.

סוּת exciter.

עוּד témoigner.

עוּז mettre à l'abri.

ברד grêler.

שְׂעוֹרִים orges.

כְּבָרָה vanne.

מוּר changer.

נחם se repentir.

נוּף lever (lancer).

חֶרְמֵשׁ faucille.

קָמָה moisson.

שִׁבּוֹלֶת épi.

פרח fleurir.

נוּץ éclore.

רִמּוֹן grenade.

חֵמָה fureur.

לאה être las.

כּוּל tenir.

תּוֹעֵבָה abomination.

29

יגע être fatigué.

פָּסִיל idole.

(ה)סור ôter.

טבע enfoncer (couler à fond).

חֹף rivage.

נוֹכַח vis-à-vis.

אָח frère.

עָוֹן crime.

עֵגֶל veau.

עָנִי misère.

עבר transgresser.

תּוֹרָה doctrine.

30

תמם être à bout.

מִקְנֶה bétail.

דַּל misérable.

קלל diminuer.

בוא venir.

בקק vider (jeter dehors.)

חיה laisser vivre.

נֶפֶשׁ (la) personne.

רַק seulement.

בזז piller.

ברר choisir.

יחל attendre

רֹעֶה pasteur.

גלל rouler.
גזז tondre.
דמם être silencieux (se taire).
שֶׁבֶר chûte.
ארר maudire (vouer à l'horreur).
בַּעֲבֹר à cause (pour).
בלל confondre.
שָׂפָה langue.
יָמִין droite.
שְׂמֹאל gauche.
גדד faire des incisions.
עַל pour.
מֵת (un) mort.
שוב retourner.
חָלָל* mourant (percé, criblé de blessures).
חַג fête.
סֻכָּה hutte.
חגג fêter.
שִׁבְעַת septaine.
מִקְרָא appel.
חרב dessécher.
עֲרָבָה plaine.
שמם être désert.
מֵאֵין faute de.

קַל léger.
נֶשֶׁר aigle.
קבב maudire.

31

אַרְמוֹן palais.
אצר amasser.
חָמָס violence.
שֹׁד brigandage.
דלל être épuisé (être malheureux).
שמם périr.
צָמָא soif.
מַפּוּחַ soufflet.
חרר brûler (être brulé).
קלל être trop peu.
מקק fondre.
צָבָא magnificence.
חתת briser.
מָגֵן bouclier.
כפף ployer.
אֶלֶף bœuf.
שחח se courber (baisser).
בַּז proie.
רמם s'élever au-dessus.
עֵדָה assemblée.

מסס fondre.

דֹּנַג cire.

32

קשש ramasser.

ענה témoigner (crier).

עשׁק* faire du tort (disputer quelque chose).

רצץ maltraiter (fracasser).

כֹּפֶר rançon.

ה)שוב rendre.

עלל (mal) agir.

בְּתוּלָה vierge.

בָּחוּר jeune homme.

טבח égorger, immoler.

תפף jouer de la tymbale.

גְּבוּרָה action éclatante.

לָשׁוֹן langue.

רשש détruire.

רפף chanceler, s'ébranler.

עַמּוּד colonne.

33

רכך amollir.

נשק embrasser.

עזז être effronté.

צרר affliger.

מַר amer.

נסה éprouver.

שכך apaiser.

רעע* être mal.

ה)קלל alléger.

עֹל joug.

כָּבֵד pesant.

מִשְׂגָּב hauteur.

חוֹמָה muraille.

ה)שחח enfoncer.

פֶּלַח morceau.

רֶכֶב meule (char).

מִגְדָּל tour.

גֻּלְגוֹלֶת crâne.

פרר déconcerter (dissoudre).

עֵצָה conseil.

נוא empêcher.

מַחֲשָׁבָה dessein.

34

ה)חל commencer.

35

תָּמִים irréprochable.

התהלך marcher.
פגע intercéder.
סלח pardonner.
(7) יעץ se concerter.
רַק rien que.
(7) חטא purifier.
מֵי נִדָּה eau lustrale.
ענה souffrir.
(7) פאר* s'appuyer.
תַּרְעֵלָה orageux (désastreux).
מצה sucer jusqu'à la lie.
שְׂמִיכָה couverture.
חמם être chaud.
אבל s'affliger (se désoler).
חנן gracier (accorder grâce).
(7) חתן s'allier (*par mariage*).
ה)כר reconnaître.
(7) רצה se rendre agréable.
צָעִיף voile.
חרה irriter.
מֵרַע malfaiteur.
קנא être jaloux.

עַוְלָה iniquité (concussion).
(7) נשא s'élever.
קָהָל commune.
רפה tomber (se relâcher).
תַּנִּין monstre.
בוא entrer.
(7) נכר se déguiser (faire l'étranger).
(7) יהד se faire juif.
(7) צדק se justifier.
שוח soupirer.
חמה gémir.
יחל espérer.
ה)עמד mettre (placer).
טהר purifier.

36

עֲגָלָה char.
אָתוֹן ânesse.
נטה s'écarter.
נכה battre, frapper.
נטה rebrousser chemin.
יְאוֹר fleuve.
סִבְלָה travail [forcé].
עִבְרִי hébreu.

שֵׁם nom.
צחק rire.
קרא lire.
ברך mettre à genoux.
שֶׁכֶם épaule.
קדד s'incliner.
(7) שחה prosterner.
הָרָה enceinte.
חֹתֶמֶת cachet.
פְּתִיל ficelle.

37

ירה lancer (précipiter, jeter), *fig.* montrer en jetant. De là : enseigner, instruire.
חֵץ flèche.
תְּשׁוּעָה salut.
הרה être grosse.
(5) ידה remercier.
*עֲרִירִי dénué (privé d'enfans).
נתן. donner.
יכל. pouvoir.
עמד subsister.
(7) אפק se retenir.
קרא crier.
אור luire.
בעל marier.
בַּעַל mari.
גוע périr.
בָּשָׂר créature.
נְשָׁמָה haleine.
רוּחַ souffle.
חָרָבָה sec (terre-ferme).
בוש se gêner.
בוש éprouver la honte d'un refus.
אַמְתַּחַת sac.
אֹכֶל provisions.
שׂים mettre.
אִישׁ chacun.
מַאֲמָר parole.
קים confirmer.
כל(כ)ל pourvoir.
משש tâter.
תע(ת)ע tromper.
קְלָלָה malédiction.
בְּרָכָה bénédiction.

38

ריב disputer.
חִנָּם gratuitement.
גמל rendre (faire).
שחת dégénérer.

שֶׁ- que.
שְׁחַרְחֹרֶת brun.
שזף hâler.
נֶגַע* lèpre (attaque).
פשה s'étendre.
עוֹר peau.
שֵׁמַע nouvelle.
ח)חזק se saisir de.
צָרָה angoisse.
חִיל tremblement(douleur).
יוֹלֵדָה accouchée.
גמל sevrer.
תְּלָאָה lassitude.
נבא prophétiser.
נצת allumer.
ענה* s'écrier.
נְבֵלָה cadavre.
בֶּצַע intérêt (corruption).
יָפֶה belle (merveilleuse).
מְאַהֵב amant.
חפר creuser.
כרה déboucher (creuser).
נָדִיב noble.
שִׁיר chant.
שִׂמְחָה joie.
מַס tributaire.

39

פתה persuader.
חזק être le plus fort.
נדח égarer.
חתעלם se cacher de (se détourner.)
כפר* couvrir ; arroser.
זוב couler.
אֶפֶס rien (il n'y a rien autre chose à dire).
נִפְלָאָה miracle.
עזז être puissant.
קשה être dur.
עֹרֶף nuque.
ראש chef.
אוֹי malheur !
מָדוֹן querelle.
שׂכר engager (pour salaire).
(5) ילך emmener (emporter).
נָקִי libre (dégagé).
חוט cordon.
שָׁנִי cramoisi.

חלף changer.

מַשְׂכֹּרֶת salaire.

קנה acheter (acquérir)

טֶרֶם avant.

בוא coucher (du soleil).

40

משח oindre (sacrer).

בזה négliger.

סתר cacher.

עשר dîmer.

בער ôter.

צרף épurer.

בחן éprouver.

שאג rugir.

הפך changer.

חגר ceindre.

צנף coiffer.

מַעֲשֵׂר dîme.

קֹדֶשׁ sacré.

אַחֲרוֹן dernier.

רִאשׁוֹן premier.

כְּרִיתוּת divorce.

בַּד bysus.

אַבְנֵט écharpe.

מִצְנֶפֶת coiffure.

נֶפֶשׁ âme (vie).

41

הִנָּקֵם être vengeur.

חקק graver.

לוּחַ tablette.

קנה* acquérir (par le travail), se procurer.

שַׁבָּת sabbath.

זבד douer.

זֶבֶד don.

זבל demeurer.

מָחָר demain.

חֹזֶק force.

לִין passer la nuit.

גאל racheter.

אִישׁוֹן prunelle.

סלסל estimer.

חבק embrasser.

42

אמר penser.

צְעָדָה marche.

חרץ mouvoir.

לֵבָב cœur.

קָצִיר moisson.

לֶקֶט glanage.

43

כֶּלֶב chien.
לָשׁוֹן langue.
חָלָל percé (tué).
עֶצֶם os.
קֶבֶר sépulcre.
בָּשָׂר chair.
כָּבֵד foie.
עוֹלֵל nourrisson.
יוֹנֵק enfant à la mamelle.
רְחוֹב grande rue.
קִרְיָה ville.
מָוֶת mort.
זֵכֶר souvenir.
זָקָן barbe.
חָבֵר compagnon.
דֶּשֶׁא verdure.
זֶרַע semence.
כָּבוֹר majesté.
זְרוֹעַ bras.
טָלָא agneau (*tacheté*).
נָדָן fourreau.
תְּאוֹם jumeau.
בֶּטֶן ventre.
חֵלֶב suif.
שְׁלָמִים* sacrifices votifs, *dérivé de* שלם

עָמָל misère.
דַּיִשׁ bat-blé (*saison*).
בָּצִיר vendange.
זֶרַע semailles (*saison*).
שֹׂבַע satiété.
כָּתֵף épaule.
רַהַט rigole.
עטף languir.
דשא verdir.
עול téter.
נהל conduire.
ה)שיב remettre.
חמץ s'aigrir (lever, *pain*).
ערה vider.

44

נגע frapper (de lèpre).
נֶגַע coup.
פתח tirer (*glaive*).
דרך bander.
רנן chanter (*triomphe*).
חָפֵץ désireux.
צֶדֶק innocence.
כֵּן ainsi.
נִחוּם consolation.

אָבֵל affligé.
פשט écorcher.
עוֹלָה* holocauste (*dérivé de* עָוֶל *injustice*).
רַב grand nombre.
זֶבַח sacrifice (*simple*).
קֶרֶב intestins.
נָקֹד marqueté.
חכם être très-prudent.
חָכָם sage.
נְמָל(ה fourmi.
שָׁפָן lapin.
קַיִץ été.
עָצוּם robuste (osseux).
יַעַר canne à sucre.
כַּף boîte.
יָרֵךְ cuisse (hanche).
חֵטְא péché.
עֵץ potence.

45

אֵפוֹד éphod.
שׁוֹמֵר gardien.
ארב guetter.
זמם méditer.
מוך tomber dans la misère.

אַמָּה coudée.
אֹרֶךְ longueur.
רֹחַב largeur.
תּוֹרָה instruction.
מִנְחָה* présent (offrande)
קֹמֶץ poing (poignée).
ראשׁ principal (premier).
טֹרַח peine.
שֵׁבֶט verge.
אֹצָר magasin.
נֶזֶם boucle d'oreille.
כּוּמָז fermoir.
שָׁבוּעַ semaine.
עָרוֹם nu.
צָמִיד couvercle (attache).
חֹתָם cachet.
קְטוֹר fumée (*grande*).

46

סַבָל fardeau (faix).
חֹצֵב tailleur de pierres.
שׁיר chanter.
גאה être élevé (triompher).
רֶכֶב char (*de guerre*).
כֶּחָשׁ menteur (faux).

ה)ילל soupirer.
עָסִיס jus de raisin.
תְהוֹם* onde.
צִנּוֹר canal.
אִלֵּם muet.
חֵרֵשׁ sourd.
פִּקֵּחַ clairvoyant.
עִוֵּר aveugle.
פִּסֵּחַ boiteux.
כִּכָּר talent.
זָר étranger.
אִכָּר laboureur.
כֹּרֵם vigneron.
שַׁלִּיט sultan (maître).
עָרִיץ redoutable (puissant).
רוק tirer (*le glaive*).
אֱמֶת constance.
חַלּוּק uni.
נַחַל ruisseau.
יַלְקוּט besace.
קֶלַע fronde.
יחם s'échauffer.
עַתּוּד bouc.
עָקֹד marqué de taches autour des pieds.
בָּרֹד rayé (*grêlé*).
בְּכוֹר prémice.

אָבִיב épi.
קלה griller.
גֶּרֶשׂ*
כַּרְמֶל* en épi.
צֶמַח germe.
גַּנָּה jardin.
זֵרוּעַ légume.
תְּהִלָּה lustre (gloire).
חֵפֶץ désir (volonté).

47

דָּבָר événement.
טַבָּח cuisinier.
סָרִיס eunuque.
עֶלְיוֹן suprême.
קנה* faire (créer).
מְרִיבָה dispute.
זַיִת olivier (olive).
טָרָף mâché.
בער dévorer, consumer.
בְּעִיר bétail (*dévorant*).
מֵיטָב meilleur.
מִקְשָׁה de fonte.
קָנֶה tuyau.
גָּבִיעַ gobelet.
פֶּרַח fleur.
אֵלָה térébinthe.

נבל* flétrir (s'anéantir)
קָלִי grain grillé.
עָנִי misérable (criant)
עֳנִי misère (cri).
חֳלִי maladie.
ה)שב) rapporter.
שמד exterminer.
ראה faire attention (voir).
נֶאֱמָן durable (ferme).
שתל planter.
פֶּלֶג plage (rivage).
פְּרִי fruit.
עֲדִי parure.
נשׂא prendre.
כְּלִי instrument (arme)
תְּלִי carquois.
שאל emprunter (demander).
רֵעֶה compagnon (collègue).
חָאוה être charmant.
לְחִי joue.
תֹּר
צַוָּאר cou.
חָרוּז
שָׁלָל butin.
בְּרָכָה* présent.

48

הָמוֹן foule.
עֶרְוָה nudité.
חָם beau-père.
אָב père.
אָח frère.
כאֵב faible (malade).
בֶּטַח avec assurance.
הוכִחַ décider (faire des reproches).
טרף déchirer (*proie*).
עַד proie.
יָד bras.
דרש revendiquer.
חַיָּה vivant.
נפש vie (souffle).
דגה se multiplier comme les poissons.
שֶׂה agneau.
רֶגֶל (pied) fois.
הֵלֶךְ écoulement.
דָּג poisson.
אֵזוֹב hysope.
קִיר mur.

49

עָב nuage.
צרר renfermer (lier en).

אֵד vapeur.
אוֹר clarté.
גְּבוּל limite.
סוּךְ se frotter.
נשׂא supporter (pardonner).
עתר prier (presser).
זקן vieillir.
תָּוֶךְ milieu.
חַג fête (sacrifice de fête).
שׁית mettre (tenir).
חַת épouvante (terreur).
עמס charger (imposer).
הוסף ajouter.
אֵשׁ sacrifice destiné au feu.
שִׂיחַ arbuste (broussaille).
אַיִן ne point.
אֵת avec.

50

בְּכֹרָה droit d'aînesse.
גְּדֻלָּה grande action.
גֹּדֶל grandeur.
יָד *fig.* puissance.
גְּבוּרָה victoire.
אלם faire des gerbes (gerber).
אֲלֻמָּה gerbe.
נשׂא emporter.
כְּלִמָּה opprobre (honte).
ה)סר destituer.
גְּבִרָה régente (maîtresse).
ה)כבד appesantir.
נְאָקָה gémissement.
גְּזֵלָה vol.
לְבוּשׁ manteau.
תְּכֵלֶת pourpre.
עֲטֶרֶת diadême.
זרח briller.
חֲבֶרֶת compagne.
שֶׁקֶץ dégoût.
שִׁקּוּץ objet de dégoût.
צְדָקָה action juste (vertu).
בְּרֵכָה réservoir (*d'eau*).
גְּדֵרָה enclos (mur).
עֵבֶר côte.
יכל oser.
נֶדֶר vœu (*sacrifice*).
נְדָבָה de générosité.

פרץ rompre (percer).

אֲנָחָה soupir.

51

נשא lever.

עַיִן œil.

אֹרְחָה caravane.

חֵיק giron.

אֹמֶנֶת gouvernante.

חֹתֶנֶת belle-mère.

דֹבְרָה radeau.

(ה)גד déclarer.

עַם famille (peuple).

אֱמוּנָה constance (fidélité.)

תַּרְדֵּמָה vertige (étourdissement.

מול circoncire.

עָרְלָה crudité (prépuce).

זהר avertir (éclairer quelqu'un sur ses devoirs.)

עמד se lever.

רֵאשִׁית première.

עָדִים éternité.

אֹבֵד dépérissement.

בַּקָּרָה soin.

בקר soigner.

עִוֶּרֶת aveugle.

שָׁבוּר cassé (*une jambe*).

חָרוּץ mutilé.

יַבֶּלֶת pustuleux.

גָּרָב galeux.

יַלֶּפֶת dartre vive.

קָרַחַת chauveté (de derrière).

גַּבַּחַת chauveté (de devant).

שָׂפָה langage.

אחד uniforme.

אֵימָה effroi.

חמם troubler (mettre en confusion).

כַּלָּה bru.

דִּבָּה discours.

כְּתֹנֶת tunique.

עוֹר peau.

52

גְּדִיל cordon.

כָּנָף *fig.* pan.

כָּתֵף *fig.* épaulette.

שֹׁהַם schoham.

חָצִיר herbe.

גלה pousser (se montrer).

שָׁלֵם sincère.
דרשׁ approfondir (rechercher.
זנח négliger (abandonner).
קצץ couper.
בֹּהֶן pouce.
נתן mettre.
זָמִיר chant.
רוע résonner(retentir)
עוּגָב guitare.
אִטֵּר perclus.
אַבִּיר* le fort (chef des pasteurs).
עָרִיץ redoutable.
יֹפִי beauté (éclat).
יִפְעָה splendeur.
נְאֻם parole (divine).
נוד être fugitif.
אַלּוּף émir (chef de famille).
חֶרֶשׁ secrètement.
חתת rompre (briser).
סֵבֶל charge.
כְּרוּב chérubin.
פרשׂ* étendre.
סכך couvrir (ombrager).

כַּפֹּרֶת couvercle.
שֶׁרֶץ* traînant (trainard).
בֶּרֶךְ genou.
נתר sauter (sautiller).
עֶצֶב objet travaillé.
פְּעֻלָּה œuvre.
מְיַלֶּדֶת sage-femme.
אָבְנַיִם siége (*pour accoucher*).

53

הָבָה allons.
לְבֵנָה brique (tuile).
לבן faire des briques.
שְׂרֵפָה cuite (brûle).
חֵמָר bitume.
חֹמֶר ciment.
סֹהַר prison (tour).
צְעָקָה cri (*de douleur*).
כָּלָה entièrement.
שֶׁלֶג neige.
לבן être blanc.
אדם être rouge.
תּוֹלָע cramoisi.
יצג mettre (placer).
בֹּר borax.
סִיג scorie.

בְּדִיל plomb (étain).
צַיִד gibier.

54

חֹזֶה prophète (voyant)
הֹוָה événement (*funeste*).
שְׁמוּעָה [ouïe , entente] nouvelle (*sinistre*).
חָזֶה poitrine.
מִלּוּאָה consécration (initiation).
מָנָה portion.
גֵּאָה hauteur.
גֵּאֶה orgueil.
כנע être humilié.
סְנֶה buisson.
אכל consumer.
סְאָה (*mesure*) séâ.
נסע arracher.
יָקָר lourd (pesant).
גְּזִית taille.
אֳנִי vaisseau.
נֶשֶׁר aigle.
בְּכִי pleur (éploration)
אֵבֶל deuil.
אָחוּ marécage (jonc).

חָזוּת vision.
תֹּהוּ néant (*sans fond*).
בֹּהוּ néant (*sans bornes*).
שִׁקּוּי liqueur (*breuvage*)
בִּין entrevoir (sonder)
הֲגִיג pensée (idée).
מְחֹקֵק* bâton de législateur.
שִׁילֹה paix (tranquillité)
יִקְּהַת obéissance.
עַם famille.
שָׁלֵו paisible (tranquille).
פרר briser (en mor- (ceaux.
פצץ briser (en petits morceaux .
מוט chanceler (tomber).
חָרֵב sec.
פַּת pain.
שֶׁלֶו repos (paix).
שַׁלְוָה repos (paix).
דַּי assez (abondance)
כרע s'agenouiller.
צִיִּי habitant du désert (ou des ruines).

לחך lécher.

אֲגַם étang.

צִי aride.

מוֹצָא source.

55

*עֵד déchiré. (*adj.*)

טְרֵפָה déchirée.

כרת retrancher (exclure).

חוה exprimer.

דֵעַ savoir (opinion).

עֵדָה assemblée (*délibérante*).

*עֵדוּת loi. (plébiscite).

יעד se réunir (délibérer),

רָכִיל calomniateur.

גלה révéler (divulguer).

סוֹד secret (conseil , dessein).

נֶאֱמָן solide (sûr , discret).

עַד durée.

עֵד témoin.

עֵדָה témoignage.

*צֵידָה provision.

אֱנוֹשׁ mortel (homme).

צִיץ germe.

צִיץ germer (pousser).

צִיצַת bourgeon (poussin).

צְבִי *fig.* grâce.

תִּפְאֶרֶת parure.

צִיצִית chevelure (ce qui germe sur la tête).

צִיץ fronton (plaque exposée à la vue pour imposer aux yeux et inspirer du respect).

*צִיצִית également une plaque exposée à la vue, et attachée avec des cordons aux quatre coins du manteau pour rappeler , au moyen d'inscriptions dont cette plaque était couverte , les faits mémorables de la sortie de l'Égypte.

פִּתּוּחַ gravure.

חשך être obscur.

חֲשֵׁכָה ténèbres.

אוֹרָה clarté.

עָוֶל tort.

ה(גיע *fig.* suffire.

יָד *fig.* les moyens.

אָשָׁם* victime expiatoire pour le dégât, dommage, etc., qu'on a causé. [שמם]

עוֹלָה* comme [עַוְלָה] (victime expiatoire du tort, injustice, qu'on peut avoir commis).

חַטָּאת victime expiatoire d'un crime. [חַטָּאָה]

תֹּר tourterelle.

אֵיד orage, *fig.* désastre.

שחק rire.

לעג railler.

שׁוֹאָה tempête (gros tems).

אתה venir (arriver).

צוּקָה détresse.

בִּזָּה pillage.

רֵאשִׁית prémice.

גֵּז tonte.

גִּזָּה toison.

טַל rosée.

לְבַד séparément(seul).

חֹרֶב sécheresse.

מִיץ pression.

חֵלֶב lait gras (crême).

חֶמְאָה petit-lait.

נְבִיאָה chanteuse (prophétesse).

סֻכָּה cabane (hutte).

נצר assiéger (garder).

שגב être fortifié (avec l'AB., être trop fortifié, ou être haut).

56

כְּאֵב langueur.

נֶצַח éternel (durant).

מאן ne pas vouloir.

אַכְזָב source tarissante.
אמן durer (avoir de la durée).
לְבֹנָה encens.
זַךְ pur.
אִשֶּׁה offrande brûlée dans le feu.
אֶשְׁנָב (soupirail)lucarne
שקף être appuyé pour regarder du haut en bas.
אֶצְעָדָה chaînette (bracelet).
צָמִיד attache.
טַבַּעַת bague (anneau).
עָגִיל boucle (rondeau).
כפר concilier le pardon (couvrir les fautes).
אֶשְׁכֹּל grappe.
זְמוֹרָה cep.
עֵנָב raisin.
מוֹט perche (barre).
אַשְׁמֹרֶת veillée.
המם mettre en désordre (confondre)
קִשֻּׁא concombre égyptien.

אֲבַטִּיחַ melon (aqueux).
חָצִיר porreau.
שׁוּם ail.
אֵיתָן roc.
פזז se raidir.
זְרוֹעַ muscle.
אֲבִיר puissant. [אַבִּיר]
חַד tranchant.
צֵל ombre.
אַשְׁפָּה carquois.
אֻרְוָה (fourragère)écurie
אֹפַן roue.
נהג conduire.
כְּבֵדוּת pesanteur.
אֲזִק chaîne.
גָּלוּת captivité.

57

הַשְׁמָעוּת (entente) renommée.
רֶוַח élargissement.
הַצָּלָה délivrance.
הִתּוּךְ fonte.
כּוּר fournaise.
נתך fondre.
הֵיכָל palais.
הֲנָחָה relâche (exemption).

נגר être mouillé de larmes.
דמה se relâcher (discontinuer.)
הֲפוּגָה arrêtée (relâchée).
תַּחֲלָה contrariété.
יָעֵל chevreuil (gazelle).
בַּת הַיַּעֲנָה autruche.
שַׁחַף hibou.
נֵץ aigle de mer.
צָעִיר le plus jeune.
יָשִׁישׁ grison (vieillard).
זחל hésiter (traîner).
שוט se répandre.
טחן moudre.
רֵחַיִם moulin.
פָּרוּר marmite.
טַעַם goût.
לְשַׁד suc (sève).

58

מַאֲכָל nourriture (provision.)
מַאֲכֶלֶת couteau.
אָטָד épine.
ספד [frapper sa poitrine] se lamenter
מִסְפֵּד lamentations.
אֵבֶל tristesse.
מַס corvée.
מִסְכְּנָה magasin.
מִכְשׁוֹל achoppement.
נטה tendre.
קַו corde.
מִשְׁקֹלֶת poids (balances).
מחה rincer (nettoyer).
צַלַּחַת verre.
הפך renverser.
פָּנִים face.
מַלְקוֹחַ capture.
מַשְׂכֹּרֶת solde (appointemens).
מֹנָה fois.
מֶלְתָּחָה garde-robe.
מַלְבּוּשׁ les vêtemens
שָׂפָה lèvre.
כְּסִיל sot.
מַהֲלוּמָה* querelle (irritation , transport de colère).
מַשְׂכִּיל** poème d'action de grâces.
מַנְגִּינָה jeu (objet de raillerie).
אֱלֹהִים magistrat.

רצע percer.

מַרְצֵעַ perçoir (alène).

הוכח faire des remontrances.

כתת briser.

אֵת pioche.

חֲנִית lance (javelot).

מַזְמֵרָה serpette.

עֶבְרָה fureur (tyrannie).

מִרְדָּף persécution (poursuite).

חָשַׂךְ retenue.

59

הרבה renchérir.

מֹהַר* présent de fiançailles.

מַתָּן don.

מְרַאֲשׁוֹת autour de la tête.

מֶבָּט perspective (attente).

גַּרְזֶן hache.

מַשּׂוֹר coignée.

מַבּוּל (anéantissement destruction) déluge.

חֲלָקָה politesse, (*trompeuse*) flatterie.

מַשּׁוּאָה illusion (imposture).

מַדָּע science (prudence).

מוֹשָׁב demeure (séjour).

מוֹרָשָׁה possession.

מוֹעֵד rendez-vous.

שָׁלִישׁ vers. (Il est dérivé de שָׁלוֹשׁ *trois* probablement · parce que les vers se composaient de deux hémistiches dont chacun avait trois mots. (*Voyez* Sam., 18, 6.)

מוֹעֵצָה conseil.

מֵישָׁר droiture (droit).

נֵר lampion.

מוּצָקָה versoir.

מִיכָל réservoir d'eau.

מִישׁוֹר plaine.

מַמְלָכָה royaume.

מאסר chaîne (ligature).

מֹאזְנַיִם balances.

60

עֲצַלְתַּיִם paresse.

מכך s'enfoncer (crouler).

מְקָרֶה charpente (plafond).

שִׁפְלוּת יָדַיִם } baissement, etc., lâcheté.

דלף tomber en ruine (par morceaux).

מִקְנֶה acquisition.

רבב se multiplier par myriades.

מֵרֵעֶה* compagnon.

פיק remplir (regorger).

מַאֲוַי souhait (désir).

זָמָם projet (dessein).

סֶלָה (*terme musical*).

נֶשֶׁךְ intérêt.

מַרְבִּית [augmentation] usure.

מָאוֹר luminaire.

אוֹת signe.

מוֹעֵד* point de réunion ou signe de rendez-vous (*comparez n°* 59, 6.)

שעשע sauter.

חֹר trou.

פֶּתֶן aspic.

מְאוּרָה fente (lucarne).

שָׂרָף brûleur (vipère).

גָּמוּל petit enfant (sevré, à peine arraché à la mamelle).

הדה tendre (tenir).

מֵלִיץ interprète.

מָשָׁל figure (parole inspirée).

מְלִיצָה interprétation.

מֵרוֹץ course.

צוֹפֶה [voyant] sentinelle.

מְרוּצָה course (manière de courir).

מְצַד guette (grotte cachée.).

מִנְהָרָה creusade.

מְצָדָה guette.

מְגִלָּה rouleau.

מְכֵרָה arme.

מְשַׁמָּה dévastation.

דֶּשֶׁא pelouse (gazon).

יֶרֶק verdure.

ה(רים) lever.

מֶכֶס tribut.

מֵצַר l'étroit.

מֶרְחַבְיָה au grand large.

מֹרֶךְ mollesse (lâcheté)

מְנוּסָה fuite.

מַסָּה tentation.

נסה tenter.

הת(חזק s'efforcer.

מִטָּה lit.

מֻטֶּה perversion (*du droit*).

מוֹרָה rasoir.

נִרְגָּן injure (invective).

הת(להם s'enflammer (s'irriter).

נִפְלָאָה prodige.

מוֹפֵת merveille.

נַפְתּוּל torsure (*fig.* lutte)

ה(פתל tordre (*fig.* lutter)

נִצָּב manche.

לַהַב lame.

שלף tirer.

נָבוֹן [entendu] intelligent.

זוד cuire.

נָזִיד cuit (mets).

נְסִבָּה tournure (destinée).

הָקִים accomplir.

61

תַּחְמָס vautour.

מִגְבָּעָה chapeau (ou bonnet haut).

כוֹבַע casque.

תִּלְבֹּשֶׁת vêture (mise).

מְעִיל manteau.

קִנְאָה vindicte.

תַּשְׁבֵּץ tissu cellulaire.

כהֵן exercer le ministère sacerdotal.

תַּגְמוּל [tribution]bienfait

לֶקַח [persuasion] conviction.

תַּחְבוּלָה réflexion.

מִשְׁמֶרֶת garde.

מֵבִין connaisseur.

תַּלְמִיד apprenti (disciple)

תַּחַת place (enfoncement).

דוד ami (amant).

חמד désirer.

מָתֹק doux.

חֵךְ palais.

תוֹשָׁב habitant.

סֵפֶר énumération.

תּוֹלְדָה naissance.

דְּמוּת ressemblance.

תּוֹעֵבָה horreur.

תֵּימָן vent (*de la droite*) du sud.

מְלוֹא remplissage (tout ce qui la remplit).

תֵּבֵל terre féconde (le monde habité).

גְּבִיר maître.

סמך appuyer.

תֶּבֶן petite paille.

מִסְפּוֹא fourrage.

חֹתֵן beau-père (beau-frère).

תְּלָאָה lassitude(fatigue)

גרס être poussé vers.

תַּאֲבָה* volupté (délices).

תַּבְנִית* structure (forme).

תַּרְבּוּת accroissement (surcroît).

ספח ajouter.

פֶּסֶל image taillée.

תְּמוּנָה ressemblance.

תֶּבֶל désordre (mélange).

תְּהִלָּה* foudre (éclair).

פֶּלֶא prodige (merveille).

גִּבֵּן sourcilleux (sourcils trop épais).

דַּק sourcils trop minces.

תְּבַלֻּל mélange (suffusion).

רוּחַ אֱלֹהִים vent terrible et formidable.

רחף planer.

תּוֹדָה aveu (gloire).

כחד refuser (dissimuler).

תּוּגָה affliction.

תּוּשִׁיָּה* réalité [c. יֵשׁ].

מַחֲבַת poêle.

רבך tremper.

תְּאַפִּין paneterie.

62

סָלְעָם sauterelle (*dévastatrice*).

חָגָב sauterelle (*petite*).

שִׁלְשֹׁם avant-hier.

פֶּחָם* braise.

גֶּחָל* charbon.

מְדִין querelle.

חרחר attiser (exciter).

צָרוּעַ lépreux.

פרם être déguenillé.
ראש chevelure.
פרע* être en désordre.
עטה s'envelopper.
שָׁלוֹם repos (*fig.* bien-être, santé).
עָרוֹם nu.
יוֹמָם pendant le jour.
פֶּתַע en un clin-d'œil (subitement).
פִּתְאוֹם* à l'improviste.
נֵזֶר couronne (chevelure sacrée).
טָהֳרָה pureté.
פִּדְיוֹם rachat.
עדף avancer au-delà d'un certain espace, ou passer un certain nombre.
פדה [détacher] racheter.
רֵיקָם à vide.
דוּמָם muet.
כִּנָּם insecte (mouche).

63

עשן fumer.

כִּבְשָׁן* fournaise.
אַלְמָן veuf.
אֱמוּנָה constance (fermeté).
אֲבַדּוֹן séjour de la mort.
כֵּן honnête (probe).
מִשְׁמָר garde (arrêt).
רְעָבוֹן remède contre la faim.
פְּצִירָה* émoussage.
פִּים les tranchans.
מַחֲרֵשָׁה soc de charrue.
שְׁלֹשׁ קִלְּשׁוֹן trident.
קַרְדֹּם hache.
דָּרְבָן aiguillon.
קָרְבָּן offrande.
נְחֻשְׁתָּן serpent d'airain.
עִצָּבוֹן travail (fatigue).
עשה faire (couper).
צִפֹּרֶן ongle.
קִנְיָן bien (acquis).
הֵרָיוֹן conception (grossesse).
לִוְיָתָן baleine ou hydre.
גֹּבַהּ hauteur.
חָסוֹן* touffu (ombrifère).
אַלּוֹן chêne.
אמר deman der.

צִיּוֹן signe [ruine].
שָׂשׂוֹן allégresse.
שׁוֹשַׁנָּה rose (lis).
רַעְיָה bergère.
חִיצוֹן extérieur.

64

נגע frapper (de la lèpre).
מְצֹרָע lépreux.
פְּלֶאִי inexprimable.
בָּצוּר fortifié (fort).
בְּרִיחַ verrou.
פְּרָזִי ouvert (sans fortification).
שְׂמָמִית araignée.
תפש écraser en saisissant.
צְלֹחִית flacon.
פְּלִילִי condamnable.
גַּד coriandre.
צַפִּיחִית galette (gâteau).
רֹעִי pastoral.
פגע se rencontrer.
אִיִּי oiseau [*habitant*] de la solitude.
צִיִּי oiseau [habitant] des ruines.

רגע se nicher, se reposer.
לִילִית oiseau de nuit.
מָנוֹחַ repos.
התודה confesser (jeter).
עִתִּי opportun.
חִתִּית terreur.
שַׁעֲרוּרִי horrible.
חַכְלִילִי rouge.
אֲבוֹי ouais !
שִׂיחַ plainte.
פֶּצַע blessure.
רַחֲמָנִי tendre.
אַדְמוֹנִי tout rouge.
אַדֶּרֶת manteau de pasteur.
כִּסֵּא fauteuil.
מַפְרֶקֶת nuque.
קַדְמוֹנִי ancien, trône.
אַכְזְרִיּוּת cruauté (fureur).
שֶׁטֶף entraînement, emportement.
קִנְאָה envie (jalousie).
קוֹמְמִיּוּת la tête haute.

65

יְרַקְרַק verdâtre.
אֲדַמְדָּם rougeâtre.

חֲלַקְלַקָּה [glissure] parole douce,glissante et insinuante.

שַׁחַת corruption.

מוּם faute.

פְּתַלְתֹּל pervers (perverti).

אֲסַפְסֻף ramassis (lie du peuple).

אוה convoiter.

תַּאֲוָה convoitise.

שׁוב sert ici d'adv. ; il se rend par *de nouveau*.

נָמֵר panthère.

חֲבַרְבֻּרָה tache.

לָמֻד instruit (appris).

לַעַג moquerie.

שַׁאֲנָן heureux.

בוּז mépris.

גְּאֵיוֹן superbe.

בַּתָּה ruine.

נְקִיק fente.

נַעֲצוּץ* les broussailles.

נַהֲלֹל* retraite (repaire).

זְנוּן licence (infidélité)

נַאֲפוּף prostitution (adultère).

שַׁד mamelle (sein).

חִידָה jeu d'esprit.

הכבד grossir.

עַבְטִיט gage (dette).

חֲצוֹצְרָה trompette (*l'assemblante*).

מַסַּע départ (décampement).

שַׁרְבִיט sceptre.

שָׁבוּעַ semaine.

חֶרְמֵשׁ faucille.

קָמָה moisson.

אֲגַם bassin.

חַלָּמִישׁ* pic.

זַלְעָפָה agitation.

רֵיחַ parfum (odeur).

נִיחוֹחַ délice.

עַרְעָר arbre dénué et desséché.

חָרֵר brûlé (terre).

מְלֵחָה de sel (saleur).

מֹתֶן rein.

חַלְחָלָה tremblement (saisissement).

צִיר serrement.

עוה étourdir (assourdir).

בהל éblouir de frayeur.

ירש détruire.

צְלָצַל insecte (espèce de sauterelle).

שַׁרְשְׁרָה* tirant.

מַעֲשֶׂה travail.

עֲבֹות chaîne.

מִגְבָּל étant sur le bout, rebord.

מִשְׁבְּצָה bordure.

אמן élever.

שעשע amuser.

שחק jouer.

נוֹטֶה environnant (entour.

צֶאֱצָא production.

אַהֲבָה amour.

רֶשֶׁף ardeur.

שַׁלְהֶבֶתיָה flamme divine.

קִיר paroi.

שְׁקַעֲרוּר incrusté.

מַרְאֶה vue (apparence).

שָׁפָל bas (enfoncé).

סַנְוֵרִים éblouissement.

FIN DU LEXIQUE.

à la ville de Montbelliard

Temoignage de profond

estime de la part de

l'[redacted] M. Franck

de

Montbéliard.

J. E. Faur

[illegible]

www.ingramcontent.com/pod-product-compliance
Lightning Source LLC
Chambersburg PA
CBHW070612100426
42744CB00006B/459
9782012593732